Student Activities

ENCORE

Niveau Intermédiaire

WYNNE WONG

THE OHIO STATE UNIVERSITY

STACEY WEBER-FÈVE

IOWA STATE UNIVERSITY

ANNE LAIR

UNIVERSITY OF UTAH

BILL VANPATTEN

MICHIGAN STATE UNIVERSITY

CENGAGE Learning

Australia • Brazil • Mexico • Singapore • United Kingdom • United States

CENGAGE
Learning·

Encore
Student Activities Manual
Wong | Weber-Fève | Lair | VanPatten

For product information and technology assistance, contact us at **Cengage Learning Customer & Sales Support, 1-800-354-9706**

For permission to use material from this text or product, submit all requests online at **www.cengage.com/permissions** Further permissions questions can be emailed to **permissionrequest@cengage.com**

ISBN: 978-1-337-29505-5

Cengage Learning
20 Channel Center Street
Boston, MA 02210
USA

Cengage Learning is a leading provider of customized learning solutions with office locations around the globe, including Singapore, the United Kingdom, Australia, Mexico, Brazil, and Japan. Locate your local office at **www.cengage.com/global.**

Cengage Learning products are represented in Canada by Nelson Education, Ltd.

To learn more about Cengage Learning Solutions, visit **www.cengage.com.**

Purchase any of our products at your local college store or at our preferred online store **www.cengagebrain.com**

Printed in the United States of America
1 2 3 4 5   22 21 20 19 18

TABLE DES MATIÈRES

Nom _____ Date _____

Premières **rencontres**

PARTIE **1**

VOCABULAIRE **1**

A **Approprié ou pas?** Vous venez de rencontrer quelqu'un d'origine française. Décidez si chaque question suivante est considérée comme appropriée ou pas pour une première rencontre.

	appropriée	pas appropriée
1. D'où venez-vous?	☐	☐
2. Comment vous appelez-vous?	☐	☐
3. Qu'est-ce que vous faites dans la vie?	☐	☐
4. Qu'est-ce que vous aimez faire?	☐	☐
5. Vous êtes de quelle région?	☐	☐
6. Vous êtes de quelle ville?	☐	☐
7. Vous gagnez combien d'argent?	☐	☐
8. Vous pratiquez quelle religion?	☐	☐

B **Vrai ou faux?** Vous révisez une présentation pour un ami. Selon vos connaissances de l'Afrique, décidez si chaque phrase est vraie ou fausse.

	vrai	faux
1. Le Maghreb se trouve dans le sud de l'Afrique.	☐	☐
2. Une case, c'est une maison traditionnelle souvent multigénérationnelle.	☐	☐
3. Dakar est la capitale du Maroc.	☐	☐
4. À Tunis, il y a des mosquées.	☐	☐
5. Le Sénégal se trouve en Afrique de l'Ouest.	☐	☐
6. Les gens d'origine tunisienne habitent au Maghreb.	☐	☐
7. Tunis n'est pas la capitale de la Tunisie.	☐	☐

C **Une nouvelle connaissance** Vous venez de faire la connaissance d'un nouvel ami francophone. Écoutez-le se présenter, puis indiquez **vrai, faux** ou **pas mentionné** pour chaque phrase suivante.

P1-1

	vrai	faux	pas mentionné
1. Jean vient de Paris, la capitale française.	vrai	faux	pas mentionné
2. Il a vingt-et-un ans.	vrai	faux	pas mentionné
3. Il vient du Québec, au Canada.	vrai	faux	pas mentionné
4. Il suit des études de droit à l'université.	vrai	faux	pas mentionné
5. Il veut retourner au Canada pour travailler après l'université.	vrai	faux	pas mentionné
6. Il veut être professeur au lycée un jour.	vrai	faux	pas mentionné
7. Ses parents sont d'origine française.	vrai	faux	pas mentionné

D **Des gens différents** Vous décrivez différents types de personnes. Remplissez les blancs par un mot du lexique pour compléter les descriptions.

ouvert	privée	indiscrètes	polie	fait la connaissance	célibataire

1. Une personne _____ n'aime pas partager des détails personnels.

2. Une personne _____ s'excuse quand elle fait une bêtise *(mistake)*.

3. En France, on considère souvent les questions à propos du travail _____.

4. Aux États-Unis, on serre la main quand on _____ de quelqu'un.

5. Une personne _____ n'a ni femme ni mari.

6. Quelqu'un de/d' _____ dévoile souvent ses opinions personnelles.

E **Une conversation** Marine vient de faire la connaissance d'un bel homme dans son cours de littérature. Elle parle de leur rencontre à son amie Élodie. Écoutez la conversation entre les deux filles et complétez les phrases avec les informations de la conversation.

suisse	français	poli		impoli	indiscrète	ouvert
marié	célibataire	faire la connaissance		ses études	vient de	

1. Marine vient de _____ d'un garçon.

2. Le garçon _____ la ville de Rennes.

3. Quentin est d'origine _____.

4. Il est à Paris pour faire _____.

5. Élodie demande si le garçon est _____.

6. Marine ne voulait pas être _____ donc elle n'a pas demandé.

7. Quentin est _____ et _____.

F **Une présentation personnelle** Vous venez de commencer un nouveau cours à l'université. Écrivez un petit paragraphe pour vous présenter à vos nouveaux camarades de classe. Pensez à répondre aux questions suivantes:

D'où venez-vous? Vous faites des études dans quel domaine? Qu'est-ce que vous aimez faire le plus dans la vie? Le moins?

_____

_____

_____

_____

_____

GRAMMAIRE 1

Les expressions idiomatiques avec *être* et *avoir*; le future proche

A **A Les conseils** Votre ami se plaint *(complains)* tout le temps. Lisez ses plaintes et choisissez la réponse appropriée.

1. Oh zut! J'ai froid et j'ai oublié mon pull.

   a. Tiens, prends ma veste *(jacket)*.　　　　b. Tu veux un soda?

2. On va être en retard!

   a. On va se dépêcher *(hurry)*!　　　　b. On a raison!

3. J'ai trop sommeil.

   a. Tu vas avoir l'occasion de dormir bientôt.　　　　b. Tu vas être en retard.

4. J'ai besoin de boire quelque chose. J'ai trop soif.

   a. Voici un sandwich.　　　　b. Voici un soda.

5. Je ne suis jamais à l'heure à cause des embouteillages *(traffic jams)*.

   a. Essaie de partir plus tôt *(earlier)*.　　　　b. Tu as honte.

6. Mon dîner est trop froid!

   a. Remets-le dans le micro-ondes!　　　　b. J'ai faim aussi.

B **Les projets** Lilou décrit ses projets pour le week-end prochain. Écoutez chaque phrase et décidez si c'est Lilou qui va faire l'activité toute seule ou si elle va la faire avec sa meilleure amie Sophie.

P1-3

	Lilou	Lilou et Sophie			Lilou	Lilou et Sophie
1.	☐	☐		**5.**	☐	☐
2.	☐	☐		**6.**	☐	☐
3.	☐	☐		**7.**	☐	☐
4.	☐	☐		**8.**	☐	☐

C **Un week-end chargé** Vos amis ont des priorités différentes. Faites correspondre l'activité appropriée avec chaque personne selon ses préférences et obligations.

1. _____ Pierre a l'air artistique.

2. _____ Claude a tendance à regarder beaucoup de sports.

3. _____ Marie a envie de regarder un film.

4. _____ Mathieu a sommeil après une longue semaine.

5. _____ Constance est en train de s'entraîner pour un marathon.

6. _____ Thomas fait des études de musique.

7. _____ Michel a toujours faim.

8. _____ Jeanne prépare un diplôme de droit *(law)*.

a. Il/Elle a besoin d'étudier.

b. Il/Elle va assister *(attend)* au match de football.

c. Il/Elle va aller à l'exposition au musée.

d. Il/Elle va aller au cinéma.

e. Il/Elle va manger au restaurant.

f. Il/Elle va se coucher *(go to bed)* à 20h00.

g. Il/Elle va assister au concert.

h. Il/Elle va faire du jogging.

D Chaud ou froid? Des amis sont au Resto U et ils parlent de leurs journées. Lisez la conversation suivante et remplissez les blancs avec la forme correcte du verbe **être** ou **avoir**.

Marc: Qu'est-ce que tu penses de ton repas, Alex? Ma soupe (1) _____ trop froide.

Alex: Moi, ça va. La pizza (2) _____ bien chaude, mais moi, je/j' (3) _____ froid. Est-ce que tu as un pull à me prêter *(loan)*?

Charlotte: Tu as raison, Alex. Nous (4) _____ froid aussi. Ils mettent la clim à fond *(air-conditioning at its maximum)*.

Marc: Tu penses? Moi, je/j' (5) _____ trop chaud. Au moins, il y a des desserts qui (6) _____ froids! Tiens, voilà ma veste.

Alex: Merci, mon gars *(buddy)*!

E Les tendances Moussa décrit sa vie quotidienne. Remplissez le blanc avec la forme correcte de l'expression qui convient.

1. Souvent, je me lève tard *(late)* et je _____ (être en retard / être en train) pour mes cours.

2. Je n'aime pas le métro, donc je/j' _____ (avoir honte de / avoir tendance à) prendre le bus.

3. Mon premier cours _____ (avoir lieu / avoir hâte) à 9h00.

4. Pour ce cours, les étudiants _____ (avoir besoin / avoir l'air) d'un manuel *(textbook)* et d'un classeur *(binder)*.

5. C'est un nouveau professeur, mais il _____ (avoir l'air / avoir sommeil) intelligent et gentil.

6. Après mon cours, je/j' _____ (avoir soif / avoir faim), alors je vais au café pour manger quelque chose.

7. Parfois *(Sometimes)* après les cours, mes amis _____ (avoir envie / avoir peur) de sortir prendre un verre *(get a drink)*.

8. Le soir, je/j' _____ (avoir sommeil / avoir chaud) et je m'endors *(go to sleep)* vers 11h00.

F Le bon ordre Mettez chaque phrase dans le bon ordre et conjuguez les verbes pour voir ce que chaque personne ou groupe va faire pendant les prochaines vacances.

1. aller / à la plage / La famille Tremblay / partir _____

2. le Maghreb / Christophe et Louna / visiter / aller _____

3. faire la connaissance de / aller / Luc / nouveaux amis _____

4. du Sénégal / Tu / aller / à la capitale / voyager _____

5. le château / explorer / de Versailles / Vous / aller _____

6. beaucoup / Nous / lire / de livres / aller _____

G Vos projets du week-end Le week-end approche! Qu'est-ce que vous allez faire ce week-end? Considérez les questions suivantes et utilisez le futur proche pour écrire 4–5 phrases à propos de ce que vous allez faire ce week-end.

Est-ce qu'un événement intéressant va avoir lieu? Est-ce que vous allez avoir l'occasion de faire une nouvelle activité? Avez-vous besoin d'étudier ou de travailler?

_____

_____

_____

_____

PARTIE 2

VOCABULAIRE 2

A **Les qualités positives** Vous discutez avec un employé potentiel pour un poste de serveur dans le café où vous travaillez. Pour chaque qualité mentionnée, il faut décider s'il agit *(if it's about)* d'une qualité positive ou négative pour ce poste.

	positive	négative
1. Il a toujours un grand sourire.	☐	☐
2. Il est toujours mal habillé et mal coiffé.	☐	☐
3. Il tutoie les clients.	☐	☐
4. Il a une apparence propre *(clean)*.	☐	☐
5. Il me semble méchant.	☐	☐
6. Il est charmant et sociable.	☐	☐
7. Il est toujours en retard pour le travail.	☐	☐
8. Il est respectueux avec les autres.	☐	☐

B **Les qualités personnelles** Faites correspondre chaque qualité personnelle avec la description qui convient.

1. _____ Quelqu'un de bavard…   a. n'est pas gentil.

2. _____ Quelqu'un de sociable…   b. parle beaucoup aux autres.

3. _____ Quelqu'un de timide…   c. porte des vêtements à la mode *(in style)*.

4. _____ Quelqu'un de bien habillé…   d. n'est pas du tout intéressant.

5. _____ Quelqu'un d'intelligent…   e. pose souvent des questions indiscrètes.

6. _____ Quelqu'un d'ennuyeux…   f. est parfois nerveux en public.

7. _____ Quelqu'un de trop curieux…   g. aime étudier et apprendre de nouvelles choses.

8. _____ Quelqu'un de méchant…   h. aime sortir avec ses amis.

C **Une première rencontre** Sébastien va sortir avec une fille de sa classe pour la première fois. Sa sœur lui donne son opinion sur ce qu'il faut faire pour donner une bonne impression. Malheureusement, elle n'a pas toujours raison. Écoutez ses conseils et décidez si chaque idée va donner une bonne ou une mauvaise impression.

P1-4

	bonne impression	mauvaise impression
1.	☐	☐
2.	☐	☐
3.	☐	☐
4.	☐	☐
5.	☐	☐
6.	☐	☐
7.	☐	☐
8.	☐	☐

D **La personnalité des collègues** Vous venez d'obtenir un nouvel emploi. Lisez ces descriptions de vos collègues et choisissez l'adjectif de la liste qui décrit le mieux chaque personne.

| bien habillé | ennuyeux | charmant | curieux | timide | sociable | méchant |

1. François s'habille à la mode. Il est _____.

2. Christophe est beau. C'est un garçon _____.

3. Christine parle beaucoup et elle aime discuter avec les autres. Elle est _____.

4. Quentin pose trop de questions personnelles. Il est trop _____.

5. Tristan est intraverti (introverted) et réservé. C'est une personne _____.

6. Awa parle toujours d'une voix monotone. Il est _____.

7. Luc critique et insulte souvent les autres. Il est _____.

E **Le conseiller à l'emploi (job counselor)** Vous avez un entretien (interview) pour un travail dans une grande entreprise (company) et vous décidez d'aller parler au conseiller à l'emploi dans votre université. Écoutez ses conseils, puis remplissez le blanc avec le mot de vocabulaire qui convient.

P1-5

| charmant | bavard | la coiffure | serrer la main | bien habillée | la rencontre |

1. Pour un entretien, il est nécessaire de se préparer avant _____.

2. Une personne _____ va donner une bonne impression.

3. Il faut faire attention à _____ et aux vêtements.

4. Au début de l'entretien, il faut _____ de l'employeur.

5. Pendant l'entretien, il faut éviter d'être trop _____.

6. Pendant la discussion, il faut être _____ et bien informé (well-informed).

F **Une mauvaise impression** Est-ce que vous avez déjà eu une mauvaise impression de quelqu'un? Pourquoi? Utilisez le vocabulaire de cette partie pour décrire cette mauvaise impression.

Modèle: Une fois, j'ai rencontré une fille au restaurant et elle m'a donné une mauvaise impression. Elle était en retard et elle ne m'a pas serré la main. En plus, elle n'avait pas de bonnes manières!

_____

_____

_____

_____

_____

GRAMMAIRE 2

Les verbes dont le radical change; la préposition *depuis*; l'impératif

A **A Pour une bonne impression** Lisez chaque conseil et décidez s'il mènera à *(will lead to)* une bonne ou une mauvaise impression pour un premier entretien.

	bonne impression	mauvaise impression
1. Faites attention à votre coiffure!	☐	☐
2. Soyez timide!	☐	☐
3. Tutoyez les gens!	☐	☐
4. Serrez la main tout de suite.	☐	☐
5. Préparez-vous bien en avance!	☐	☐
6. Ne soyez pas en retard.	☐	☐
7. Envoyez une carte de remerciement *(thank you card)*.	☐	☐
8. Évitez de poser des questions.	☐	☐

B **L'avis du prof** Votre prof aime bien donner son opinion. Écoutez bien pour voir s'il parle à un individu (tu), à tous les étudiants (vous) ou à la classe entière (nous).

P1-6

	à un individu	à tous les étudiants	à la classe entière
1.	☐	☐	☐
2.	☐	☐	☐
3.	☐	☐	☐
4.	☐	☐	☐
5.	☐	☐	☐
6.	☐	☐	☐
7.	☐	☐	☐
8.	☐	☐	☐

C **Les passe-temps** Chantal parle avec un nouvel ami de leurs habitudes et de leurs préférences. Mettez les mots de chaque phrase dans le bon ordre pour voir l'échange entre les deux personnes.

1. combien / fais / d'espagnol / de temps / tu / des études / Depuis / est-ce que / ?

_____

2. étudie / depuis / J' / ans / trois / l'espagnol _____

3. est-ce que / Depuis / vous / ici / quand / habitez / ? _____

4. depuis / ici / on / septembre / habite _____

5. nous / à Rennes / depuis / ans / habitons / cinq _____

6. tu / - / es / ici / depuis / étudiant / quand ? _____

7. suis / depuis / ans / trois / étudiant / je / ici _____

D **Un premier rendez-vous horrible** Vous sortez pour la première fois avec une nouvelle connaissance romantique et rien ne va comme il faut. Pour chaque phrase, écrivez la forme du verbe qui convient.

1. Tu lui _____ des fleurs. Ton rancard *(date)* y est allergique. (acheter / essayer)

2. Ton rancard _____ son chien au restaurant. (espérer / amener)

3. Le chef _____ vos plats principaux à une autre table. (envoyer / acheter)

4. Ton rancard dit qu'il/elle _____ se marier aussitôt que *(as soon as)* possible. (acheter / espérer)

5. Vous n'avez rien en commun. Vous vous _____ tous les deux. (ennuyer / essayer)

6. Tu _____ qu'il n'y a plus de dessert. (apprendre / prendre)

7. L'autre personne ne _____ pas sa part de l'addition. (payer / envoyer)

E **La description de soi** Jean-Luc écrit un paragraphe pour se décrire sur un site de rencontres. Complétez chaque blanc avec la bonne forme du verbe qui convient. Un verbe peut être utilisé plus d'une fois *(more than once)*.

acheter	envoyer	comprendre	espérer	essayer

Je m'appelle Jean-Luc et j'ai 21 ans. Je/J' (1) _____ trouver une personne gentille et sociable. Je/J' (2) _____ toujours de faire une bonne première impression. Je/J' (3) _____ que c'est difficile de trouver quelqu'un d'intéressant et de compatible en ligne. Mo, je suis le genre de personne qui (4) _____ souvent des fleurs et qui (5) _____ souvent des cadeaux. Si vous (6) _____ de trouver un partenaire respectueux et intelligent, contactez-moi!

F **L'ami indécis** Votre ami est indécis *(indecisive)*. Lisez ses commentaires et utilisez la liste de mots ci-dessous pour lui donner des conseils à l'impératif. Rappel: D'habitude, on tutoie nos amis!

aller à la bibliothèque	faire une sieste *(nap)*	manger quelque chose
acheter un soda	payer la facture *(bill)*	aller au salon

1. J'ai trop faim. _____

2. J'ai besoin d'étudier. _____

3. J'ai soif. _____

4. J'ai acheté beaucoup de choses sur Internet. _____

5. Je déteste ma coiffure. _____

6. J'ai sommeil. _____

G **Les conseils** Votre meilleur ami veut se trouver une petite amie *(girlfriend)* et il veut vos conseils *(advice)*. Écrivez-lui un mail *(email)* pour dire ce qu'il doit faire pour trouver une copine.

Modèle: Achète des fleurs! Sois gentil!

_____

_____

_____

_____

_____

Les **symboles**

PARTIE **1**

VOCABULAIRE 1

A **L'intrus** Regardez la liste suivante et trouvez le mot qui ne va pas avec les autres.

1. a. une bague   b. le noir   c. les bijoux

2. a. la fierté   b. la loyauté   c. un motif

3. a. le noir   b. la royauté   c. le blanc

4. a. l'or   b. adopter   c. représenter

5. a. le bleu   b. un couteau   c. le jaune

6. a. la mort   b. la naissance   c. la grenouille

B **Les couleurs du monde** Choisissez la couleur qui correspond le mieux à chaque chose. Utilisez chaque couleur une fois *(once)*.

1. _____ une panthère   a. rouge

2. _____ la mer   b. or

3. _____ une grenouille   c. violet

4. _____ une bague   d. blanc

5. _____ une banane   e. noir

6. _____ une tomate   f. vert

7. _____ la neige *(snow)*   g. bleu

8. _____ une aubergine *(eggplant)*   h. jaune

C **La monarchie** Vous expliquez ce qu'est une monarchie à un ami. Remplissez les blancs avec un mot du lexique pour expliquer chaque définition.

des bijoux	la loyauté	la mort	la royauté
le blason	la naissance	des objets	

1. Un chevalier *(knight)* porte _____ de son roi pour représenter sa loyauté.

2. _____ désigne *(refers to)* une famille royale qui règne sur *(rules over)* un pays.

3. Dans une monarchie, les citoyens fêtent _____ d'un prince ou d'une princesse.

4. Pour les grandes occasions, la reine porte souvent _____ royaux.

5. Après _____ du roi, le prince devient le nouveau roi.

6. La couronne *(crown)* et le sceptre *(scepter)* sont _____ qui représentent la monarchie.

7. _____ est un trait de caractère très important pour les chevaliers *(knights)*.

🔊 **D** **Le drapeau français** Écoutez le paragraphe suivant qui décrit le drapeau français et décidez si les
1-1   phrases sont vraies ou fausses.

	vrai	faux
1. Le drapeau français est un symbole de la Révolution française.	☐	☐
2. Le gouvernement français a adopté *(adopted)* le drapeau en 1900.	☐	☐
3. Le blanc représente la royauté française.	☐	☐
4. Le bleu et le noir représentent la ville de Paris.	☐	☐
5. La devise *(motto)* française est «Liberté, Égalité, Fraternité».	☐	☐

E **La fleur de lys** Voici des informations à propos de la fleur de lys. Complétez le texte avec le mot logique.

1. La fleur de lys est un _____ populaire très répandu.
a. motif   b. bijou

2. La fleur de lys représente _____.
a. la naissance du Canada   b. la royauté française

3. En 1948, le Québec adopte _____ avec quatre fleurs de lys.
a. un couteau   b. un drapeau

4. Ces fleurs de lys sont de couleur _____ sur fond bleu.
a. grenouille   b. blanche

5. La fleur de lys est aussi un _____ qui se trouve sur le maillot *(jerseys)* des
Saints – l'équipe de football de la Nouvelle Orléans.
a. symbole   b. blason

6. Les supporteurs de cette équipe portent un tee-shirt avec la fleur de lys pour montrer leur
_____ envers leur équipe.
a. loyauté   b. naissance

🔊 **F** **Un emblème intéressant** Vous allez entendre la description d'un emblème. Écoutez la description
1-2   et choisissez la bonne réponse pour chaque phrase.

1. Il s'agit de la description de _____.
a. l'emblème de la France   b. l'emblème du Québec   c. l'emblème du Canada

2. Cet emblème reflète ses origines _____
a. françaises et anglaises   b. françaises et belges   c. françaises et suisses

3. Le lion couleur or sur fond rouge symbolise _____.
a. la royauté française   b. la culture suisse   c. la royauté anglaise

4. Les feuilles d'érable *(maple leaves)* sur cet emblème sont _____
a. rouges   b. vertes   c. couleur or

5. Le symbole du Canada est _____.
a. la fleur de lys   b. le lion   c. la feuille d'érable

G **Votre blason** Dessinez un blason qui représente votre personnalité et vos préférences. Écrivez 4
phrases pour décrire *(describe)* votre blason personnel. Quelles couleurs aimez-vous? Quels animaux?
Quelles activités?

_____

_____

_____

_____

GRAMMAIRE 1

Les verbes irréguliers *offrir, plaire, soutenir, construire* et *servir*

🔊 **A** **La rupture** Nathalie parle de sa rupture *(break-up)* avec son copain Alex. Écoutez le sujet de ses
1-3   phrases et choisissez la partie correcte pour terminer la phrase.

1. a. conduisent trop rapidement.   b. conduis trop rapidement.

2. a. ouvre la porte.   b. ouvrons la porte.

3. a. soutient que ça ne va pas.   b. soutenons que ça ne va pas.

4. a. souffrons beaucoup.   b. souffrez beaucoup.

5. a. me conduit chez moi.   b. me conduis chez moi.

6. a. détruisons notre relation.   b. détruisez notre relation.

7. a. soutenez que c'est fini.   b. soutiens que c'est fini.

8. a. déplaisent à Alex.   b. déplaît à Alex.

B **Un rendez-vous au resto** Marie, Claire et Paul sortent au restaurant. Choisissez le sujet approprié
pour chaque phrase.

1. _____ conduit sa nouvelle voiture au restaurant.   a. Les amis, ils   b. Marie, elle

2. _____ ouvre la porte pour ses amies.   a. Paul, il   b. Nous

3. _____ découvrons un bon plat sur la carte.   a. Nous   b. Claire et Marie, elles

4. _____ offre nos boissons chaudes.   a. La serveuse, elle   b. Les amis, ils

5. _____ ouvrent la carte des desserts.   a. Nous   b. Paul et Claire, ils

6. _____ offrent de payer pour les boissons.   a. Paul et Marie, ils   b. Paul, il

C **Les préférences** Marc décrit les choses qui lui plaisent et déplaisent. Complétez chaque phrase avec
la forme qui convient de **plaire** ou **déplaire**. Faites attention au sujet des phrases!

1. Faire les devoirs, ça me _____.   a. déplaît   b. déplaisent   c. déplais

2. Mes plats préférés me _____.   a. plaît   b. plais   c. plaisent

3. Le manque *(lack)* d'argent me _____.   a. déplais   b. déplaît   c. déplaisent

4. Tu me _____.   a. plais   b. plaît   c. plaisent

5. Rater un examen, ça me _____.   a. déplais   b. déplaît   c. déplaisent

6. Vous (mon ennemi) me _____.   a. déplais   b. déplaisent   c. déplaisez

7. Sortir avec mes amis, ça me _____.   a. plais   b. plaît   c. plaisent

8. Mes amis me _____.   a. plais   b. plaisent   c. plaisez

D **La situation de Claire** Lisez le paragraphe suivant et remplissez les blancs avec le verbe qui convient.

| découvre | découvrent | découvrir | offre | plaît | soutiennent |

Dans la première séquence du film, Claire parle avec son avocat. Il dit que ses documents
(1) _____ ce que Claire raconte. Les spectateurs du film (2) _____ que l'avocat
trompe *(is deceiving)* Claire et ne dit pas toute la vérité *(truth)*. Dans la rue, Claire (3) _____ un
homme qui ressemble à Alexis. Le visage de ce bel homme (4) _____ à Claire. À l'hôtel, Claire
(5) _____ une brosse à dents à André. À la fin de la séquence, on se demande si on va
(6) _____ s'il y a une relation entre André et Alexis. Sont-ils cousins?

🔊 **E** **Une bonne amie?** Écoutez les phrases suivantes qui décrivent Camille. Cochez la case appropriée
1-4 *(Check the appropriate box)* pour indiquer si chaque phrase décrit un trait de personnalité *(personality trait)* associé à une bonne ou à une mauvaise amie.

	une bonne amie	une mauvaise amie
1.	☐	☐
2.	☐	☐
3.	☐	☐
4.	☐	☐
5.	☐	☐
6.	☐	☐

F **Les traditions et les stéréotypes** Les phrases suivantes décrivent les traditions et les stéréotypes
associés à différentes cultures. Choisissez le verbe qui convient et ensuite conjuguez-le pour compléter
les phrases.

1. En France, on _____ (servir / traduire) du fromage après le plat principal.

2. Les Américains _____ (construire / découvrir) beaucoup de centres commerciaux.

3. On _____ (traduire / ouvrir) souvent nos menus pour les touristes américains.

4. En Angleterre, les gens _____ (souffrir / conduire) de l'autre côté de la route.

5. La réputation des Italiens est qu'ils _____ (soutenir / plaire) aux femmes.

6. Au Japon, les gens _____ (offrir / servir) des cadeaux pour remercier un(e) collègue.

G **Un(e) bon(ne) ami(e)** À votre avis, que fait un(e) bon(ne) ami(e)? Écrivez 4–5 phrases pour décrire
les actions d'un(e) bon(ne) ami(e).

_____

_____

_____

_____

_____

PARTIE 2

VOCABULAIRE 2

A **A Les définitions** Choisissez la définition correcte pour les mots de vocabulaire suivants.

1. _____ un fruit jaune
2. _____ l'encre pour faire un tatouage temporaire
3. _____ une période de temps
4. _____ le mot pour décrire un acte illégal
5. _____ un dessert qu'on mange aux anniversaires
6. _____ un autre mot pour un mauvais rêve (*dream*)
7. _____ l'art qu'on fait avec de la peinture à la bombe
8. _____ l'alcool qu'on boit pour fêter le Nouvel An

a. le henné
b. clandestin
c. le champagne
d. un citron
e. une époque
f. un gâteau
g. les graffiti
h. un cauchemar

B **Une liste de courses révisée** Marie veut perdre du poids (*lose weight*), mais elle a besoin d'aide (*help*). Écoutez sa liste de courses et décidez si chaque aliment est bon ou mauvais pour son régime.

1-5

	bon	mauvais
1.	☐	☐
2.	☐	☐
3.	☐	☐
4.	☐	☐
5.	☐	☐
6.	☐	☐

C **Manger équilibré** Corinne exprime ses opinions à propos de l'alimentation et de la santé. Complétez le paragraphe avec le mot approprié.

Beaucoup de gens disent qu'il faut manger (1) _____ (le thé / des aliments) comme des fruits et des légumes pour être en bonne santé. (2)._____ (Pas moi / Au contraire). Je ne suis pas d'accord. (3) _____ (Au contraire / C'est pourquoi), je pense qu'on peut manger un peu de tout. On peut boire un peu de (4) _____ (vin / gâteau) et manger un peu de (5) _____ (peau / chocolat) si on fait toujours de l'exercice. (6) _____ (Pourtant / Moi aussi), il faut aussi manger d'autres choses qui sont bonnes pour la santé comme (7) _____ (du poisson / une tarte aux pommes). Il faut juste manger équilibré comme dit (8) _____ (le champagne / la campagne publicitaire) «Manger Bouger» qui passe à la télévision en France pour encourager une bonne santé.

🔊 **D Un tatouage potentiel** Votre ami Marc veut se faire tatouer. Écoutez son explication, puis
1-6   choisissez les bonnes réponses.

1. Pour quel événement (event) est-ce qu'il veut un tatouage?
   a. son anniversaire   b. la mort de sa mère   c. sa naissance   d. Noël

2. Il aime les tatouages au…, mais maintenant il veut un tatouage….
   a. bleu / caché   b. henné / permanent   c. lettre / clandestin d. stylo / en violet

3. Où pense-t-il placer le tatouage?
   a. sur son pied   b. sur son épaule   c. sur son bras   d. sur son dos

4. Pourquoi a-t-il des difficultés à choisir l'emplacement (location) du tatouage?
   a. Il doit (must) être visible partout sur le corps.   b. Il ne doit pas être visible en tee-shirt.

5. Quel dessin (design) choisit-il comme tatouage?
   a. un emblème sportif   b. des initiales familiales   c. un chat noir   d. le nom de sa mère

6. Quelle couleur préfère-t-il pour son tatouage?
   a. bleu   b. blanc   c. vert   d. noir

7. Marc veut un tatouage pour….
   a. rendre hommage (to pay respect) à sa famille   b. exprimer ses opinions politiques

E L'alimentation Complétez chaque phrase avec le bon mot.

1. _____ sont de bonnes sources de glucides (carbohydrates). a. Les vins   b. Les pâtes

2. _____ est fait avec du raisin.   a. Le champagne   b. Le riz

3. _____ sont bons en dessert.   a. Les œufs   b. Les gâteaux

4. _____ sont d'origine belge et sont très grasses (greasy).   a. Les frites   b. Les pâtes

5. _____ est une bonne source de protéines.   a. Le vin   b. Le poulet

6. La sole et le saumon sont des types de _____.   a. pains   b. poissons

F L'art de la rue Complétez le texte avec un mot du lexique.

campagne publicitaire	clandestine	le monde entier	les tags
c'est pourquoi	des graffiti	l'ombre	le vandalisme

Dans (1) _____, certains artistes font (2) _____
dans les rues. C'est une manière (3) _____ d'exprimer leur art. Des fois, ils
utilisent leurs (4) _____ comme (5) _____
pour exprimer leurs opinions politiques. Souvent, ils mettent de la peinture à la bombe sur des
bâtiments privés. (6) _____ des gens considèrent les graffiti comme du
(7) _____. À cause de cela, les artistes doivent se cacher (hide themselves)
et créer leurs peintures dans (8) _____ pendant la nuit.

G Les graffiti À votre avis, est-ce que les graffiti doivent être considérés comme du vandalisme ou de
l'art? Écrivez 3–4 phrases pour exprimer votre opinion en ce qui concerne cet art de la rue.

_____

_____

_____

_____

GRAMMAIRE 2

Les articles définis, indéfinis et partitifs

A **De nouvelles connaissances** Vous venez de rencontrer Jacques et sa sœur Marie. Écoutez le début des phrases de Jacques et choisissez la fin de phrase qui convient.

1-7

1. a. la France   b. France

2. a. de fraises   b. les fraises

3. a. des tee-shirts bleus   b. de tee-shirts bleus

4. a. du sucre   b. le sucre

5. a. de la viande   b. de viande

6. a. le droit   b. de droit

B **Les préférences** Choisissez l'article correct pour chaque phrase. Si la phrase n'a pas besoin d'article, écrivez «x».

1. Est-ce que tu aimes _____ (les / des) pâtes?

   Non, je n'aime pas _____ (les / des) pâtes.

2. Voulez-vous _____ (de / du) thé?

   Non, je ne veux pas _____ (de / du) thé.

3. Ce sont _____ (de / des) pains français?

   Non, ce ne sont pas _____ (de / des) pains français.

4. Voulez-vous devenir _____ (x / un) cuisinier?

   Non, je veux devenir _____ (x / un) acteur célèbre.

5. Est-ce que vous buvez souvent _____ (de / du) vin?

   Non, je ne bois jamais _____ (de / du) vin.

C **Les graffiti** Pour chaque phrase, remplissez les blancs avec les articles qui conviennent.

1. _____ graffiti sont _____ forme (*f.*) d'art qu'on trouve souvent en ville.

2. _____ artiste de la rue qui s'appelle Banksy est sans _____ doute très célèbre.

3. Beaucoup _____ jeunes aiment _____ graffiti.

4. Dans _____ monde entier, on peut trouver _____ tags.

5. Il n'existe pas _____ propriétaires qui aiment _____ vandalisme sur leurs bâtiments.

D **L'expression personnelle** Complétez le paragraphe suivant avec les articles nécessaires. Si un article n'est pas nécessaire, écrivez «x».

Sans (1) _____ doute, chaque individu veut exprimer sa personnalité individuelle. Certains aiment (2) _____ tatouages pour exprimer leur personnalité. Il y a beaucoup (3) _____ gens avec (4) _____ tatouages intéressants. Pour les tatouages, les gens utilisent (5) _____ variété (6) _____ couleurs différentes. Si on préfère quelque chose de plus temporaire, on peut toujours utiliser (7) _____ henné.

E **Les habitudes alimentaires** Écoutez les phrases et indiquez si chaque phrase est vraie ou fausse.

1-8

1. V / F

2. V / F

3. V / F

4. V / F

5. V / F

6. V / F

F **Votre partenaire idéal(e)** Tout le monde veut trouver son/sa partenaire idéal(e). Pour vous, quelles qualités sont importantes chez votre partenaire idéal(e)? A-t-il/elle du charme? Qu'est-ce qu'il/elle aime? Écrivez quelques phrases pour décrire les traits de personnalité et les préférences de votre partenaire idéal(e). Faites attention aux articles.

_____

_____

_____

_____

_____

_____

_____

_____

PARTIE 3

GRAMMAIRE 3

Les verbes pronominaux

A **Les Polynésiens** Complétez chaque phrase avec le verbe approprié.

1. Les gens des îles Marquises _____ la culture européenne.   a. s'habituent à   b. se regardent

2. Certains artistes _____ en tatouages.   a. se moquent de   b. se spécialisent

3. Les garçons _____ aux tatouages vers l'âge de 12 ans.   a. s'intéressent   b. se disputent

4. Ils ne _____ pas bien avec les Européens.   a. s'en vont   b. s'entendent

5. Un homme polynésien _____ fier de ses tatouages.   a. se sent   b. se trompe

6. On _____ des tatouages partout sur le corps.   a. trouve   b. entend

B **Les bouts de phrase** Choisissez le sujet approprié pour chaque partie de phrase que vous entendez.

1-9

1. _____   a. Anne et Sophie   b. Vous

2. _____   a. Je   b. Tu

3. _____   a. Nous   b. On

4. _____   a. Ils   b. Nous

5. _____   a. Tu   b. Je

6. _____   a. Les Américains   b. Je

C **Les activités de la famille Dupont** Faites des phrases avec les éléments donnés à propos de la famille Dupont.

1. s' / parce qu'ils sont / amusent / Gérard et Delphine / en vacances

_____

2. les langues étrangères / Colin / en français / spécialise / parce qu'il adore / se

_____

3. au sujet de leurs enfants / pas / s' / Monsieur et Madame Dupont / inquiètent / ne

_____

4. ne / Nous / retrouvons / pas / au cinéma / nous

_____

5. le week-end / habitue à / m' / faire le ménage / Je

_____

6. se / pas / en classe / débrouille / Colette / ne / bien

_____

D **Paul et Michelle** Complétez les phrases à propos de la vie de Paul et Michelle en choisissant le bon verbe pour chaque phrase.

1. Ce soir, Paul _____ beaucoup Michelle.   a. ennuie   b. s'ennuie

2. Quelquefois, ils ne _____ pas bien.   a. entendent   b. s'entendent

3. Michelle _____ Paul avec son meilleur ami.   a. trompe   b. se trompe

4. Paul _____ très déçu (disappointed) par les actions de Michelle.   a. sent   b. se sent

5. Michelle _____ à Paul si leur relation (relationship) est finie.   a. demande   b. se demande

6. Après la dispute, Paul _____.   a. va   b. s'en va

E **La famille Simpson** Complétez chaque phrase avec la forme appropriée de l'expression **l'un l'autre**.

a. l'un l'autre	b. l'une l'autre	c. les uns les autres	d. les unes les autres

1. Bart et Homer ne s'apprécient pas _____.   3. Marge et Maggie s'adorent _____.

2. Homer, Marge et Bart se regardent _____.   4. Marge, Lisa et Maggie se comprennent _____.

F **Les tatouages aujourd'hui** Écoutez le paragraphe suivant et répondez aux questions en choisissant la bonne réponse.

1-10

1. Qui se concentre beaucoup sur les apparences?   a. les personnes âgées   b. les jeunes

2. Pour les jeunes, les tatouages représentent quoi? a. un emblème personnel   b. un blason

3. Qui ne doit pas découvrir les tatouages?   a. les amis   b. les patrons

4. Pour les professionnels, quel genre de tatouages est préférable?   a. caché   b. visible

5. Quel est l'avantage des tatouages cachés?   a. Ils ne détruisent pas l'image professionnelle.   b. Ils sont plus économiques.

G **Qui êtes-vous?** Nous avons tous un caractère, une personnalité et une nature qui nous sont propres et qui influencent nos actions et nos interactions avec les autres. Qui êtes-vous? En 4–5 phrases, décrivez-vous en employant quelques-uns de ces verbes et adjectifs utiles ou d'autres verbes et adjectifs de votre choix.

Verbes utiles

se débrouiller	se disputer (avec)	s'énerver	se fâcher (contre)	s'inquiéter (de)
s'intéresser (à)	se méfier (de)	se spécialiser (en)	se rendre compte (que / de)	(s')occuper (de)
(s')amuser	(se) demander	(s')ennuyer	(s')entendre	???
(se) rappeler	(se) sentir	(se) tromper	(se) trouver	

Adjectifs utiles

bavard(e) (talkative)   égoïste (selfish)   facile à vivre (easy-going)   fidèle (loyal)
gentil / gentille (kind, nice) jaloux / jalouse (jealous) orgueilleux / orgueilleuse (very proud) ???

Modèle: Je suis quelqu'un de sympathique et facile à vivre. J'aime tout le monde et je ne me dispute jamais avec mes amis ou mes colocataires. Je suis aussi un étudiant sérieux et fidèle. Je m'occupe toujours de mes amis quand ils ont des problèmes et je me débrouille bien à l'université en général. Je m'intéresse aux cultures étrangères, alors je me spécialise en anthropologie, en langues étrangères et en histoire.

_____

_____

_____

🔊 Encore des sons et des mots

Les voyelles orales et les voyelles nasales

French vowel sounds mainly fall into two categories: oral and nasal vowels. When forming vowels, air escapes through the mouth. When forming nasal vowels, air is concentrated in the nose and the **n** and **m** sounds are not pronounced. Put your hand under your nose and notice the sensations when you pronounce these words:

Oral vowels	Nasal vowels	Oral vowels	Nasal vowels
vie	vin	mot	mon
se	son	ta	temps
leur	lent	fait	fin
beau	bon	nos	nom

Nasal vowels usually end in **n** or **m** in a single syllable. There are three basic nasal vowel sounds in French as illustrated by the phrase «**un bon vin** blanc».

Nasal vowels may have different spellings. The sound in v**in** is spelled **in, im, en, ain**, or **aim**.
b**ien**   **in**vitation   f**aim**   **im**portant   améric**ain**

The sound in b**on** may be spelled **om** or **on**.
mais**on**   sal**on**   b**om**be   **om**bre

The nasal sound in **an** may be spelled **an, am, en**, or **em**.
emblème   qu**an**d   comm**en**t   ch**am**p

Pratique A
· ·

1-11 Écoutez et répétez les mots suivants. Puis, cochez la case qui correspond à la catégorie de voyelles nasales que vous entendez.

	on	in	an
1. encre	☐	☐	☐
2. citron	☐	☐	☐
3. pain	☐	☐	☐
4. champagne	☐	☐	☐
5. poisson	☐	☐	☐
6. vin	☐	☐	☐
7. vandalisme	☐	☐	☐
8. ombre	☐	☐	☐

Pratique B

1-12 Écoutez attentivement et encerclez le mot que vous entendez. Puis, cochez la case appropriée pour indiquer si le mot contient une voyelle orale ou une voyelle nasale.

	nasale	**ouverte**
1. fait / faim	☐	☐
2. clandestin / clandestine	☐	☐
3. vin / vie	☐	☐
4. soutiennent / soutient	☐	☐
5. mot / mon	☐	☐

Pratique C

1-13 Étape 1. Écoutez et répétez les mots suivants qui contiennent des voyelles nasales.

1. ombre	**4.** lion	**7.** blason
2. gants	**5.** couvrons	**8.** blanc
3. monde	**6.** français	**9.** encre

1-14 Étape 2. Écoutez et répétez les mots suivants qui contiennent des voyelles orales.

1. bijoux	**4.** objet	**7.** gris
2. drapeau	**5.** fromage	**8.** rose
3. fierté	**6.** couteau	**9.** symbole

Pratique D Dictée!

1-15 Étape 1. Vous allez entendre des répliques de la première rencontre entre Claire et André dans le film. Écoutez attentivement. Vous allez entendre chaque réplique deux fois. Écrivez ces répliques ci-dessous.

a. ANDRÉ : _____

b. ANDRÉ : _____

c. ANDRÉ : _____

d. CLAIRE : _____

e. CLAIRE : _____

f. CLAIRE : _____

Étape 2. Les répliques de l'Étape 1 sont dans le désordre. Mettez-les dans le bon ordre, d'après le film.

1. _____

2. _____

3. _____

4. _____

5. _____

6. _____

Les **valeurs**

CHAPITRE 2

PARTIE 1

VOCABULAIRE 1

Ⓐ Les définitions Pour chaque mot, choisissez la définition qui correspond.

1. une allocation chômage	a. un concept important pour un individu, comme l'amitié
2. la couverture santé	b. l'assurance *(insurance)* qui paie pour les soins médicaux
3. un loisir	c. une institution religieuse
4. l'Église	d. un passe-temps pour le temps libre
5. une coutume	e. essentiel
6. les gens	f. l'aide financière pour les gens sans emploi
7. les classes sociales	g. une habitude
8. une valeur	h. les catégories de gens basées sur le salaire et le mode de vie
9. primordial	i. le pluriel du mot «la personne»

Ⓑ L'intrus Pour chaque groupe de mots, trouvez le mot qui ne va pas avec les autres.

1. a. une coutume   b. une tradition   c. l'État   d. une habitude

2. a. les gens   b. les individus   c. la réussite   d. une personne

3. a. l'amour   b. l'individu   c. l'amitié   d. la liberté

4. a. la classe sociale   b. un salaire   c. la sensualité   d. les gens

Ⓒ Les valeurs personnelles Écoutez les descriptions suivantes et choisissez la valeur personnelle qui
2-1   convient le mieux.

Modèle: *You hear:* J'aime beaucoup passer du temps avec mon copain pour la Saint-Valentin.
You select: **l'amour**

a. la compétition	d. l'intellectualisme
b. le bien-être	e. le sens de l'esthétique
c. l'amitié	

1. _____

2. _____

3. _____

4. _____

5. _____

D **Les gens et les valeurs** Lisez les descriptions des individus suivants. Décidez si les phrases sont logiques [L] ou illogiques [I]. Si la phrase est illogique, corrigez-la pour créer une phrase logique.

1. Une personne laïque accorde de l'importance à la séparation entre l'Église et l'État. L / I

_____

2. Une personne mal habillée a le sens de l'esthétique. L / I

_____

3. Une personne qui parle de politique et d'actualité *(current events)* accorde de l'importance à l'intellectualisme. L / I

_____

4. Une personne qui passe beaucoup de temps avec ses parents n'accorde pas d'importance à la famille. L / I

_____

5. Une personne qui aime sortir avec ses amis accorde de l'importance au principe de «voir grand». L / I

_____

E **La France et ses valeurs** Complétez le texte avec les mots du lexique.

allocations	familiales	par opposition
le bien-être	cependant	les mêmes
chômage	fondamentales	salaires
la couverture santé	gens	accordent de l'importance
le droit	l'individu	

Pour les Français, les valeurs (1) _____ comprennent la famille,

le travail, l'amitié et les relations sociales, et les loisirs. Ces valeurs restent plus ou moins

(2) _____ depuis trente ans. Pour la plupart des

(3) _____, le bonheur et (4) _____

sont plus importants que l'argent donc les Français (5) _____ aux

loisirs et non aux gros (6) _____. Il y a aussi une tendance

à privilégier (7) _____ par rapport à la société.

(8) _____, l'argent reste essentiel dans la vie et les Français paient

beaucoup d'impôts *(taxes)*. (9) _____, les Français reçoivent de très

bonnes (10) _____ quand ils en ont besoin. Quand un couple adopte

un enfant, les parents ont (11) _____ de recevoir des allocations

(12) _____. Quand quelqu'un perd son emploi, il reçoit une allocation

(13) _____. De plus, la France a l'un des meilleurs systèmes de soins *(care)*

médicaux; pour les Français, (14) _____ est en général excellente.

🔊 F Une description philosophique Marc veut aller à l'université. Pour être admis, il participe à un

2-2   entretien à propos de ses valeurs personnelles. Écoutez sa réponse et complétez chaque phrase.

1. Au travail, Marc accorde de l'importance à _____ et à

   _____.

2. Il pense que les gens devraient bénéficier de *(benefit from)* _____.

3. Dans son temps libre, il accorde de l'importance à _____ et

   _____.

4. Il invite souvent ses amis pour _____.

5. Marc n'accorde pas d'importance à _____.

6. Il veut devenir un _____ plus intellectuel.

🔊 G Vos valeurs personnelles Réécoutez la description de Marc, puis écrivez un paragraphe de 5

2-3   phrases qui décrit vos valeurs personnelles.

_____

_____

_____

_____

_____

_____

_____

_____

_____

_____

GRAMMAIRE 1

Les prépositions de lieu et le pronom *y*

A **Les vacances d'été** Vous chattez avec vos camarades de classes à propos de leurs projets pour l'été. Regardez les phrases et déterminez où chaque personne va voyager pour ses vacances d'été.

1. Nous allons au…	a. États-Unis	b. Australie	c. Mexique
2. Je pars en…	a. France	b. Sénégal	c. Canada
3. Je vais à…	a. Espagne	b. Montréal	c. Angleterre
4. Nous allons aux…	a. Québec	b. Pays-Bas	c. Russie
5. Je vais en…	a. Suisse	b. Mexique	c. Paris
6. Nous allons à…	a. Louisiane	b. Londres	c. Belgique
7. Je vais aux…	a. France	b. Italie	c. États-Unis
8. Nous allons au…	a. Grèce	b. Canada	c. Rome

2-4

B **Arrivées ou départs?** Vous êtes à l'aéroport et vous écoutez les conversations autour de vous. Écoutez les morceaux de phrase suivants pour déterminer si ces gens vont quelque part (**on va**) ou s'ils viennent d'arriver à l'aéroport (**on vient**).

Modèle: *You hear:* des États-Unis
You check: **on vient**

	on va	on vient
1.	☐	☐
2.	☐	☐
3.	☐	☐
4.	☐	☐
5.	☐	☐
6.	☐	☐

2-5

C **D'où viennent-ils?** Utilisez les prépositions pour déterminer d'où vient chaque personne.

1.	a. Mexique	b. Belgique
2.	a. Brésil	b. San Francisco
3.	a. Portugal	b. Afghanistan
4.	a. Cambodge	b. Floride
5.	a. Japon	b. Irak
6.	a. Sénégal	b. Virginie
7.	a. Suisse	b. Dakota du Nord
8.	a. Canada	b. Corée du Sud

D **Nicole et sa colocataire** Complétez chaque phrase avec la préposition appropriée (**à, au, chez, de, des, du, dans, en,** etc.).

Bonjour. Je m'appelle Nicole. Je suis (1) _____ France. Je vis dans un petit appartement (2) _____ Paris. (3) _____ septembre, je vais étudier (4) _____ Canada, (5) _____ l'Université McGill (6) _____ Montréal. Ma colocataire s'appelle Annie. Elle vient (7) _____ États-Unis, (8) _____ l'état du Colorado. Elle me dit qu'il fait très froid (9) _____ hiver (10) _____ le Colorado. La semaine prochaine, je vais aller (11) _____ États-Unis avec Annie pour assister à une compétition de ski. Les sports sont très importants (12) _____ les Américains.

E **Les voyages et la vie quotidienne** Écrivez une phrase qui dit quel moyen de transport est le plus logique pour chaque situation.

Modèle: pour aller au parc de son quartier (taxi / pied) **On va au parc de son quartier à pied.**

1. pour voyager entre deux continents (métro / avion)

   _____

2. pour faire des courses dans son quartier (train / voiture)

   _____

3. pour aller chercher son courrier *(mail)* à la boîte aux lettres *(mailbox)* (bus / pied)

   _____

4. pour aller de l'aéroport à son hôtel (vélo / taxi)

   _____

F **Sondage personnel** Vous répondez à un sondage sur Internet à propos de votre santé. Répondez à chaque question à l'affirmatif ou au négatif et remplacez la partie en gras *(bold)* par le pronom y.

Modèle: Est-ce que vous marchez souvent **en ville**?
   Oui, j'y marche souvent. / Non, je n'y marche pas souvent.

1. Est-ce que vous allez souvent **au supermarché**? _____

2. Répondez-vous toujours **aux questions du médecin**? _____

3. Est-ce que vous allez **chez le dentiste** deux fois par an? _____

4. Est-ce que vous faites des balades *(walks)* **dans la forêt**? _____

5. Pensez-vous **à votre régime** *(diet)*? _____

G **Le voyage de vos rêves** Vous venez de gagner au loto et vous décidez de faire le voyage de vos rêves. Écrivez l'itinéraire du voyage avec les pays et les villes que vous allez visiter. Choisissez au moins trois destinations différentes à visiter dans votre tour du monde!

Modèle: **D'abord, je vais aller en Irlande à Dublin. Puis je vais aller en avion à Paris pour voir la Tour Eiffel. Après, je vais voyager à Barcelone en Espagne pour aller à la plage.**

_____

_____

_____

_____

_____

PARTIE 2

VOCABULAIRE 2

A **Les matériaux communs** Dans la liste suivante, quel matériau associez-vous à chaque objet?

1. _____ un pull   a. en verre

2. _____ un tee-shirt   b. en plastique

3. _____ une carte   c. en cuir

4. _____ une foulard *(scarf)*   d. en coton

5. _____ un sac   e. en laine

6. _____ une fenêtre   f. en or

7. _____ une bague *(ring)*   g. en soie

8. _____ une bouteille d'eau *(water bottle)*   h. en papier

B **Pudique ou pas pudique?** Ces personnes ont des habitudes différentes avec leurs proches. Écoutez
2-6   chaque phrase et indiquez si la personne est **pudique** ou **pas pudique**.

	pudique	pas pudique
1.	☐	☐
2.	☐	☐
3.	☐	☐
4.	☐	☐
5.	☐	☐
6.	☐	☐

C **Les habitudes individuelles** Lisez chaque début de phrase à propos des habitudes individuelles.
Choisissez la fin de la phrase qui correspond.

1. Une personne qui attache de l'importance à la durabilité   a. avec leurs amis les plus proches.

2. Une personne qui aime les animaux ne porte pas   b. porte souvent un jean et un sweat.

3. Typiquement, les gens parlent de sujets privés   c. n'utilise pas de produits jetables en plastique.

4. Quelqu'un qui ne veut pas parler de la valeur de ses biens   d. est une personne pudique.

5. Pour assister à des cérémonies, les actrices célèbres portent souvent   e. des robes en soie.

6. Une personne qui attache de l'importance au confort   f. de vêtements en fourrure.

Nom _____ Date _____

D **Les valeurs et les habitudes** Vous lisez un article à propos des valeurs et des préférences. Complétez chaque phrase avec la forme correcte du mot ou de l'expression qui convient. Puis, cochez la case pour indiquer si vous êtes d'accord avec la phrase ou non.

attacher de l'importance	en coton
apprécier	évident
avoir confiance en quelqu'un	mieux se connaître
avoir l'habitude	risqué

	Oui	Non
1. Les Français _____ de ne pas discuter de sujets sensibles avec leurs connaissances.	☐	☐
2. Quelqu'un pour qui le confort est important préfère les vêtements _____.	☐	☐
3. Les écologistes _____ à la durabilité.	☐	☐
4. En général, les gens _____ les bijoux (jewelry) en platine.	☐	☐
5. Il faut _____ à qui on va prêter (lend) de l'argent.	☐	☐
6. Selon les Français, parler du salaire est un sujet _____.	☐	☐
7. En France, il faut _____ avant de parler de sujets privés.	☐	☐
8. Dans un pays étranger (foreign country), les valeurs ne sont pas toujours _____.	☐	☐

🔊 **E** **Le premier rendez-vous** Marie et Colin viennent de se rencontrer pour la première fois. Écoutez
2-7   leur conversation et répondez aux questions avec les mots qui conviennent.

Colin	l'écologie et la durabilité
discrète	Marie
en papier recyclé	ouverte
indiscrète	privée
l'argent / le salaire	

Étape 1. Compréhension

1. Colin se spécialise dans quels domaines (areas)? _____

2. Qui dans la conversation pose des questions risquées? _____

3. Colin travaille sur un produit fait en quel matériau? _____

4. Marie pose une question sur quel sujet risqué? _____

Étape 2. Conclusions

1. Est-ce que Colin est une personne privée ou ouverte? _____

2. Est-ce que Marie est une personne discrète ou indiscrète? _____

F **Phrases à reconstituer** Réécrivez chaque phrase en mettant les éléments dans le bon ordre pour décrire les valeurs de certains individus. Faites attention à la conjugaison des verbes.

1. être / sensible / les Français / l'argent / quant à

   _____

2. discuter / aimer / nous / nos amis les plus proches / avec

   _____

3. certains végétariens / ne… pas / en fourrure / acheter / des biens

   _____

4. de gens / attacher de l'importance à / beaucoup / l'écologie

   _____

5. je / le confort / toujours / apprécier

   _____

6. être / discuter / de sujets sensibles / il / risqué de

   _____

G **Quel genre de personne êtes-vous?** Écrivez trois phrases pour décrire vos valeurs personnelles. Comment êtes-vous? Privé(e)? Méfiant(e)? Parlez-vous souvent de sujets sensibles? À quelles idées ou valeurs attachez-vous de l'importance?

_____

_____

_____

_____

_____

_____

_____

_____

GRAMMAIRE 2

Les adverbes interrogatifs; l'adjectif interrogatif *quel* et ses variations

A Questions diverses Complétez les phrases avec le bon adverbe interrogatif.

1. (Comment / Pourquoi) ne buvez-vous pas de vin?

2. (Où / Quand) allez-vous pour être seul(e)?

3. (Combien / Combien de) vrais amis avez-vous?

4. (Comment / Combien) sont les vrais amis?

5. (Combien de / À quelle heure) commencez-vous à regarder la télé le soir?

6. (Combien / Combien de) dépensez-vous *(do you spend)* pour la nourriture par mois?

B Le tri Triez *(Sort)* les adverbes interrogatifs selon leur fonction dans une question. Indiquez la ou les lettres de la bonne réponse.

a. combien	b. où	c. quand	d. d'où
e. comment	f. pourquoi	g. combien de	h. à quelle heure

Location	Manner	Cause	Number	Time
1. _____	3. _____	4. _____	5. _____	7. _____
2. _____			6. _____	8. _____

C La première rencontre Vous venez de faire une nouvelle connaissance au restaurant. Écoutez les questions suivantes et choisissez la meilleure réponse.

2-8

1. a. Marie-Claire   b. À 9 heures.   c. Il a cinq chiens.   d. Dans la voiture.

2. a. Merci beaucoup.   b. Dans la rue Blanc.   c. Trois.   d. Parce que je suis fatigué(e).

3. a. Cinq euros.   b. À l'école.   c. Mardi.   d. À 5 heures.

4. a. Très bien.   b. Cinq.   c. Paris.   d. Dans la classe.

5. a. Des États-Unis.   b. Marc.   c. Je vais bien, merci.   d. Demain.

6. a. J'en ai trois.   b. Six fois.   c. En Floride.   d. Parce que c'est dégoûtant.

7. a. À midi.   b. Au supermarché.   c. Cinq euros.   d. Ce week-end.

8. a. Six.   b. De France.   c. Parce que c'est beau.   d. La semaine prochaine.

D Un blockbuster à Los Angeles Complétez chaque question suivante avec l'adverbe interrogatif qui convient.

Modèle: Combien coûte le tournage *(film shoot)*?

1. _____ est-ce que le film sort au cinéma?

2. _____ argent gagnent les stars du film?

3. _____ vient Céline Dion? Du Canada?

4. _____ s'appelle le réalisateur *(director)* du film?

5. _____ est-ce que vous tournez *(shoot)* le film?

6. _____ est-ce que vous préférez tourner à la plage?

E **La première rencontre** Clara parle avec un jeune homme au restaurant. Pour chaque phrase ou question, écrivez la forme de **quel** qui convient.

1. Mon film préféré est *Paris, je t'aime*. Et toi, _____ film est-ce que tu préfères?

2. Tu préfères _____ cours ce semestre? Moi, je préfère l'espagnol et l'histoire.

3. _____ est le nom de ton chien?

4. _____ coïncidence (f.)! J'adore Stromae aussi!

5. _____ spécialisations est-ce que tu étudies à la fac? Ma spécialisation est l'économie.

6. _____ dessert est-ce que tu vas prendre? Moi, j'adore les desserts!

F **Les valeurs de Robert** Robert décrit sa philosophie personnelle à propos des conversations avec de nouvelles connaissances. Écoutez ce qu'il dit et complétez les phrases avec les mots qui conviennent.

2-9

1. Robert attache de l'importance à _____ et à _____.

2. Robert aime parler de _____.

3. Robert n'est pas une personne _____.

4. «_____ d'argent gagnez-vous par mois?» est une question

_____ à poser dans une conversation.

5. «_____ venez-vous?» est une question acceptable à poser à une nouvelle connaissance.

G **Des questions pour Claire Gagner** Un client pose des questions à Claire Gagner à l'Hôtel Delta. Lisez les réponses de Claire et écrivez les questions qui manquent. Utilisez **vous**.

1. Client: _____

Claire: J'habite **à Montréal**.

2. Client: _____

Claire: Je lis **deux livres** par semaine.

3. Client: _____

Claire: Je travaille ici **parce que j'ai besoin d'argent pour mes études**.

4. Client: _____

Claire: Ma famille vient **du Canada et de France**.

5. Client: _____

Claire: Ma journée commence **à 7h30 du matin**.

6. Client: _____

Claire: Une chambre double coûte **250 dollars par nuit**.

H **Entretien avec une star** Vous allez interviewer une star de votre choix. Faites une liste de 5 questions que vous aimeriez *(would like)* lui poser.

Modèle: Pourquoi est-ce que vous avez décidé d'écrire un livre?

_____

_____

_____

PARTIE **3**

GRAMMAIRE 3

Les pronoms interrogatifs

A **Les membres de la famille** Un de vos amis vous décrit une photo de sa famille. Pour chaque phrase, choisissez la bonne réponse.

1. amusant	a. Il est	b. Ils sont	c. Ce sont
2. un bon médecin	a. C'est	b. Il est	c. Ils sont
3. professeur	a. Ils sont	b. Il est	c. C'est
4. géniale	a. Elle est	b. Ils sont	c. Ce sont
5. des musiciens	a. Ce sont	b. C'est	c. Ils sont
6. intelligentes	a. C'est	b. Elle est	c. Elles sont
7. Julien	a. Il est	b. C'est	c. Elle est
8. canadiens	a. Elle est	b. Ce sont	c. Ils sont

B **Les projets pour le week-end** Votre petit(e) ami(e) et vous êtes au restaurant et vous parlez de vos projets pour le week-end. Écoutez les questions suivantes et choisissez la bonne réponse.

2-10

1. a. Avec toi.   b. Un steak.

2. a. Avec Marie.   b. Avec une salade.

3. a. Aller au cinéma.   b. Marie.

4. a. Avec Jean.   b. Au cinéma.

5. a. Angelina Jolie.   b. C'est un film d'horreur.

6. a. Un restaurant.   b. Il y a une fête.

7. a. Du réalisateur *(director)*.   b. Du film.

8. a. Les films comiques.   b. Brad Pitt.

C **La musique francophone** Vous préparez une interview pour un magazine à propos de la musique francophone. Complétez chaque question suivante avec le mot ou l'expression qui convient.

Avec qui	De quoi	Qui	Qu'est-ce que	Qu'est-ce qu'	Qu'est-ce qui

1. _____ est Zachary Richard?

2. _____ il fait comme style de musique?

3. _____ le Bayou Drifter Band?

4. _____ parlent ses chansons?

5. _____ part-il en tournée *(on tour)*?

D **Un entretien avec une actrice** Vous parlez avec une actrice célèbre à propos de sa vie personnelle et de son nouveau film. Lisez ses réponses et écrivez la question qui correspond à la partie en gras de chaque réponse. Employez **vous**.

1. Question: _____

Réponse: **Martin Scorsese** réalise le film.

2. Question: _____

Réponse: Le film parle **de l'amour**.

3. Question: _____

Réponse: **George Clooney** joue le rôle masculin principal.

4. Question: _____

Réponse: Je passe mon temps libre **avec ma famille**.

5. Question: _____

Réponse: J'aime **faire du vélo et la cuisine** le week-end.

6. Question: _____

Réponse: Mon acteur préféré est **Alan Rickman**.

E *Les Filles de Caleb* Écoutez la description suivante et remplissez les blancs du paragraphe avec les mots qui conviennent.

2-11

un ancien élève	son père
un ancien professeur	l'auteure
une série télévisée	l'identité québécoise
deux	la politique française
Émilie	

Arlette Cousture est (1) _____ de (2) _____ livres de la trilogie *Les Filles de Caleb*. Le personnage principal s'appelle (3) _____. Dans la trilogie, elle se révolte contre (4) _____. Elle tombe amoureuse de/d' (5) _____. La trilogie parle beaucoup de (6) _____. Aujourd'hui, la trilogie est aussi (7) _____.

F **Un entretien de star** Vous travaillez pour un journal et avez l'occasion d'interviewer votre musicien préféré. Écrivez 4–5 questions à lui poser pour votre entretien. Vous pouvez utiliser **est-ce que** ou l'inversion pour vos questions.

Nom de la star: _____ _____

_____

_____

_____

_____

_____

🔊 Encore des sons et des mots

Les sons [y] et [u]; les sons vocaliques [i] et [a]

In French, there are many letters that are pronounced differently from English. There are also letter combinations that indicate sounds that we do not have in English. One example are the sounds [y] and [u]. The [y] sound is used for the French letter **u**. For example:

> **tu** ven**u** ét**u**des têt**u** p**u**deur

To make the French [y] sound, first open your mouth to say *o* and purse your lips as tightly as you can. Then, with your lips in that position, try and say *e*. That's the French [y]!

In French, the [u] sound is found in the letter combination **ou** and is pronounced like the *ou* sound in *soup*. For example:

> t**ou**t p**ou**rtant p**ou**rquoi **où** bamb**ou**

2-12 Try and pronounce each of these words. Afterwards, listen to the recording to see if you pronounced them correctly.

1. rue 2. roue 3. tu 4. tout 5. nu 6. nous 7. rousse 8. russe

In French, the letter **i** is pronounced like the *ee* sound in the word *meet*. The letter **y** is pronounced like **i** when it is used as a vowel. For example:

> sort**i** or**i**gine c**y**clisme **y** v**i**lle l**i**berté

In French, the [a] sound is pronounced like the *a* in the word *father*. For example:

> p**a**rtage **a**mi **à** tout **à** l'heure **a**gréable c**a**s

Pratique A
. . . .

Entraînez-vous à lire cette phrase à voix haute. Soulignez les sons [i] et les sons [a] que vous entendez.

> Je suis sorti en ville pour parler avec mes amis.

Pratique B
. . . .

2-13 Beaucoup de mots français ont une prononciation similaire, excepté pour les voyelles. Écoutez les mots suivants et indiquez le mot que vous entendez.

1. ☐ boue   ☐ bu   6. ☐ dessous   ☐ dessus

2. ☐ jure   ☐ jour   7. ☐ doux   ☐ du

3. ☐ tout   ☐ tu   8. ☐ pur   ☐ pour

4. ☐ coutume   ☐ costume   9. ☐ puce   ☐ pouce

5. ☐ au   ☐ à   10. ☐ pour   ☐ par

Pratique C

2-14 Écoutez et répétez les mots suivants. Puis, indiquez si les voyelles correspondent au son [i], [a], [y] ou [u]. Si le mot contient plusieurs voyelles, cochez toutes les cases correspondantes.

	a. le son [i]	b. le son [a]	c. le son [y]	d. le son [u]
1. bambou	☐	☐	☐	☐
2. d'où	☐	☐	☐	☐
3. pudique	☐	☐	☐	☐
4. partager	☐	☐	☐	☐
5. sujet	☐	☐	☐	☐
6. attacher	☐	☐	☐	☐
7. sensible	☐	☐	☐	☐
8. argent	☐	☐	☐	☐
9. à pied	☐	☐	☐	☐
10. couverture	☐	☐	☐	☐
11. individu	☐	☐	☐	☐
12. écologie	☐	☐	☐	☐

Pratique D Dictée!

2-15 **Étape 1.** Vous allez entendre trois phrases de ce segment du film *Encore*. Écoutez attentivement et écrivez-les ci-dessous. Vous allez entendre chaque phrase deux fois.

1. _____

2. _____

3. _____

Étape 2. Écrivez les mots des phrases de l'Étape 1 qui contiennent les sons [y], [u], [i] et [a].

1. [y]: _____

   [u]: _____

   [i]: _____

   [a]: _____

2. [y]: _____

   [u]: _____

   [i]: _____

   [a]: _____

3. [y]: _____

   [u]: _____

   [i]: _____

   [a]: _____

La **famille**

PARTIE **1**

VOCABULAIRE 1

A **Les correspondances** Faites correspondre chaque mot avec la définition qui convient.

1. _____ une femme au foyer

2. _____ le gendre

3. _____ l'aîné

4. _____ la belle-mère

5. _____ le fils unique

6. _____ une veuve

7. _____ les arrière-grands-parents

8. _____ le cadet

a. l'enfant le plus âgé (*oldest*) d'une famille

b. une femme qui ne travaille pas hors (*outside*) de la maison

c. l'enfant le plus jeune (*youngest*) d'une famille

d. un enfant qui n'a pas de frères ni de sœurs

e. une femme dont le mari est décédé (*deceased*)

f. le mari de votre fille

g. une femme qui s'est mariée avec votre père

h. les parents de vos grands-parents

B **Les liens de parenté** Vanessa décrit sa famille. Pour chaque personne qu'elle décrit, décidez si elle est apparentée par les liens **du sang** ou **du mariage**.

3-1

	Les liens du sang	Les liens du mariage
1.	☐	☐
2.	☐	☐
3.	☐	☐
4.	☐	☐
5.	☐	☐
6.	☐	☐

C **Diverses familles** Pierre décrit les familles de ses amis. Écoutez chaque description et choisissez le type de famille qui correspond à chacune.

3-2

1. C'est une famille _____.   a. homoparentale   b. monoparentale

2. C'est une famille _____.   a. recomposée   b. nucléaire

3. C'est une famille _____.   a. homoparentale   b. élargie

4. C'est une famille _____.   a. monoparentale   b. recomposée

5. C'est une famille _____.   a. élargie   b. nucléaire

6. C'est une famille _____.   a. nombreuse   b. adoptive

Nom _____ Date _____

D **Les membres de la famille** Claire fait de la recherche sur les différents types de familles. Complétez chaque phrase avec le mot du lexique qui convient.

le beau-frère	le benjamin	un célibataire	le demi-frère
une famille élargie	les jumeaux	un monoménage	sacré(e)

1. _____ n'est pas marié.

2. Dans _____, la personne vit *(lives)* seule.

3. Dans certains pays, le mariage est une institution _____.

4. _____ est le mari de la sœur.

5. _____ est le fils de la belle-mère et du père.

6. Souvent, _____ se ressemblent *(look alike)*.

7. _____ est aussi composée de tantes et d'oncles.

8. _____ est le bébé de la famille.

E **L'arbre familial** Écoutez les descriptions et décidez quel membre de la famille on décrit. Utilisez le lexique pour choisir le bon mot.

3-3

Modèle: Vous entendez: Le mari de ma fille est… Vous écrivez: **mon beau-fils**

mes arrière-grands-parents	mon beau-frère	ma belle-sœur	ma belle-mère
mon beau-père	ma demi-sœur	mon frère aîné	mon gendre

1. _____

2. _____

3. _____

4. _____

5. _____

6. _____

F **Le PACS** Lisez le paragraphe et remplissez les blancs avec les mots du lexique. Faites attention à la conjugaison des verbes!

ainsi que	augmenter	homoparentales	une loi	répandu	union libre

Le PACS (Pacte civil de solidarité) est issu d' (1) _____ qui a donné des droits aux couples non-mariés en France. Depuis 1999, le PACS est très (2) _____ parmi les couples homosexuels (3) _____ parmi les couples hétérosexuels. Le PACS (4) _____ les droits des familles (5) _____. Depuis sa création, un couple sur cinq a choisi ce type d' (6) _____.

G **Ma famille à moi** Quelle est votre situation familiale? Écrivez un petit paragraphe qui décrit votre famille et les personnes avec lesquelles vous habitez maintenant.

_____
_____
_____
_____

GRAMMAIRE 1

Les adjectifs et les pronoms possessifs

A **La famille en photos** Caroline montre des photos de sa famille à sa nouvelle belle-sœur. Choisissez qui elle décrit d'après l'adjectif possessif qu'elle utilise.

1. C'est mon…   a. belle-mère   b. demi-sœur   c. gendre

2. C'est notre…   a. parents   b. arrière-grand-mère   c. arrière-grands-parents

3. C'est son…   a. époux   b. fille unique   c. veuve

4. Ce sont tes…   a. belle-sœur   b. beau-père   c. belles-sœurs

5. C'est votre…   a. gendre   b. demi-frères   c. beaux-parents

6. Ce sont nos…   a. aîné   b. demi-sœur   c. partenaires

7. C'est ma…   a. épouse   b. famille élargie   c. fils

8. Ce sont ses…   a. fille   b. beau-frère   c. frères aînés

B **Les préférences** Michel et Pierre comparent les logements *(housing)* de leurs familles. Déterminez ce qu'ils décrivent dans chaque phrase.

1. Je préfère **le tien**.   a. le logement   b. la chaise   c. les chambres

2. **La tienne** est plus grande.   a. l'appartement   b. le salon   c. la salle de bains

3. **Les miennes** sont minuscules.   a. les chambres *(f.)*   b. les placards *(closets, m.)*   c. la terrasse

4. **Le nôtre** est plus loin de l'école.   a. la voiture *(car)*   b. l'appartement   c. la maison

5. **La mienne** est mieux équipée *(equipped)*.   a. le salon   b. les placards   c. la cuisine

6. **Les vôtres** sont plus grandes.   a. le sofa   b. les fenêtres *(windows)*   c. le garage

7. J'adore **la vôtre**.   a. le living   b. la maison   c. les fenêtres

8. Je n'aime pas **le mien**.   a. le jardin *(garden)*   b. la maison   c. les chambres

C **La fête** Deux femmes discutent de leurs familles à une fête. Remplissez les blancs avec les mots qui conviennent.

le mien	le tien	les tiens	les nôtres	ma	mon	ton

1. A: C'est (1) _____ époux?

2. B: Oui, c'est (2) _____. Il s'appelle Marcel. Et (3) _____?

3. A: Il s'appelle Jean. Tu as des enfants?

4. B: Oui, (4) _____ fils aîné s'appelle Pierre et (5) _____ fille s'appelle Constance. Et toi?

5. A: (6) _____ s'appellent Rémy et Claire.

6. B: Chouette! On devrait *(should)* inviter (7) _____ chez nous pour jouer avec les nôtres!

7. A: Bonne idée!

🔊 **D** **C'est qui?** Carla regarde les photos de la famille élargie de son copain et lui pose des questions.
3-4   Choisissez qui elle décrit d'après le pronom possessif qu'elle utilise.

1. a. famille élargie   b. gendre

2. a. cousin   b. tante

3. a. beaux-parents   b. belle-mère

4. a. enfants   b. fille

5. a. fils aîné   b. fille aînée

6. a. fille   b. enfants

7. a. belles-sœurs   b. beaux-frères

8. a. fille   b. parents

E **Les habitudes de communication** Vous faites une étude sur les moyens de communication.
Utilisez le pronom possessif qui convient dans chaque phrase. N'oubliez pas les contractions avec **à** et **de**!

Modèle: Vous lisez: Je parle souvent <u>de ma tante</u>. Est-ce que tu parles souvent _____?
        Vous écrivez: **de la tienne**

1. Je téléphone souvent <u>à mes parents</u>. Est-ce que tu téléphones souvent _____?

2. Je n'écris jamais <u>à ma mère.</u> Est-ce que tu écris parfois _____?

3. Je parle souvent <u>de mes frères</u>. Est-ce que tu parles souvent _____?

4. J'envoie des textos <u>à mon copain</u>. Est-ce que tu envoies des textos _____?

5. Je reçois (*receive*) parfois des mails <u>de ma mère</u>. Est-ce que tu en reçois _____?

F **Comment sont vos familles?** Écrivez un petit paragraphe qui décrit votre famille et la famille de
votre meilleur(e) ami(e). Utilisez autant de (*as many*) pronoms possessifs que possible.

Questions à considérer: Comment s'appellent vos parents? Vos frères ou sœurs? Avez-vous des animaux
domestiques?

_____

_____

_____

_____

_____

PARTIE 2

VOCABULAIRE 2

A **L'héritage** Pour chaque trait, décidez s'il s'agit d'un trait physique ou d'un trait de caractère.

	physique	caractère
1. la taille	☐	☐
2. être fiable	☐	☐
3. avoir les sourcils fins	☐	☐
4. être raisonnable	☐	☐
5. avoir une personnalité franche	☐	☐
6. avoir le front large	☐	☐
7. avoir les lèvres fines	☐	☐
8. être minutieux	☐	☐

B **Les caractéristiques** Marc décrit les caractéristiques qu'il a héritées de sa famille. Écoutez sa description, puis décidez si les phrases ci-dessous sont vraies ou fausses.

3-5

	vrai	faux
1. Il a la même *(same)* mâchoire que son père.	☐	☐
2. Son père a un petit nez.	☐	☐
3. Son père et lui sont de la même taille.	☐	☐
4. Sa mère est minutieuse.	☐	☐
5. Il a hérité des pommettes de sa mère.	☐	☐
6. Il est fiable et digne de confiance comme son père.	☐	☐

C **Les traits de personnalité** Pour chaque description, faites correspondre le trait de personnalité qui correspond.

1. Quelqu'un de/d' _____ ne change jamais d'opinion.   a. têtu

2. Quelqu'un de/d' _____ ne révèle jamais les secrets des autres.   b. souple

3. Quelqu'un de/d' _____ est une personne sur qui on peut compter.   c. audacieux

4. Quelqu'un de/d' _____ fait attention aux détails.   d. fiable

5. Quelqu'un de/d' _____ exprime facilement son opinion.   e. digne de confiance

6. Quelqu'un de/d' _____ prend souvent des risques.   f. minutieux

7. Quelqu'un de/d' _____ peut facilement changer ses projets *(plans)*.   g. franc

D **D'où viennent nos personnalités?** Lisez le paragraphe suivant et choisissez le bon mot pour compléter chaque phrase.

Certains scientifiques (*scientists*) pensent que notre (1) _____ (comportement / héritage) résulte de la génétique et ne change pas complètement avec (2) _____ (la taille / l'éducation) de nos parents. Ils pensent que nos (3) _____ (gestes / objets de famille), nos traits de visage et nos personnalités sont (4) _____ (un front / un héritage) familial et que nous ressemblons à nos parents quoi qu'on fasse. D'autres professionnels ne/n' (5) _____ (partagent / héritent) pas l'avis de ces scientifiques. Ils croient que nos personnalités (6) _____ (résultent / partagent) au moins en partie de notre éducation et de notre socialisation.

E **L'héritage familial** Jacques et sa femme Julie vont bientôt avoir leur premier enfant. Jacques ne veut pas que son enfant lui ressemble. Complétez chaque phrase avec l'adjectif qui convient. Choisissez l'opposé de ce qui est indiqué et mettez l'adjectif à la bonne forme.

a. grand	c. large	e. raisonnable
b. droit	d. audacieux	f. souple

1. J'ai le nez courbé; j'espère qu'il aura le nez _____.

2. J'ai les épaules (*shoulders*) étroites; j'espère qu'il aura les épaules un peu plus _____.

3. Je suis petit; j'espère qu'il sera plus _____.

4. Je suis un peu trop têtu; j'espère qu'il sera plus _____.

5. Je m'énerve (*get upset*) quand les projets changent; j'espère qu'il sera plus _____.

6. Je ne prends jamais de risques; j'espère qu'il sera plus _____.

F **L'influence familiale** Ressemblez-vous à vos parents? Écrivez un petit paragraphe décrivant les traits de caractère et les traits physiques que vous avez hérités de votre famille.

_____

_____

_____

_____

_____

_____

GRAMMAIRE 2

La position des adjectifs irréguliers

A **Avant ou après** Pour chaque phrase, choisissez le bon placement pour l'adjectif d'après le sens de la phrase.

1. Une famille qui n'a pas d'argent est…	a. une pauvre famille	b. une famille pauvre
2. Un homme qui mange trop est…	a. un gros homme	b. un homme gros
3. Un professeur de lycée est…	a. un ancien prof	b. un prof ancien
4. La robe que ta meilleure amie a aussi est…	a. la même robe	b. la robe même
5. Le week-end après ce week-end est…	a. le prochain week-end	b. le week-end prochain
6. Une maison organisée est…	a. une propre maison	b. une maison propre
7. Un garçon qui n'a pas d'amis est…	a. un seul garçon	b. un garçon seul
8. Une amie d'enfance *(childhood)* est…	a. une chère amie	b. une amie chère

B **Le bon mot** Écoutez chaque description et choisissez l'adjectif qui convient.

3-6

1. a. fraîche	b. folle
2. a. petits	b. longs
3. a. grand	b. heureux
4. a. riche	b. pauvre
5. a. exceptionnel	b. heureux
6. a. active	b. rousse

C **La visite** Élodie raconte sa visite à Rome à ses amis. Écoutez ses descriptions puis décidez si chaque phrase suivante est vraie ou fausse.

3-7

	vrai	faux
1. Elle a visité Rome au printemps.	☐	☐
2. Elle est allée à Rome avec son ancienne prof.	☐	☐
3. La ville n'est pas propre.	☐	☐
4. Elle a visité des monuments anciens.	☐	☐
5. Elle avait beaucoup d'argent *(money)*.	☐	☐
6. Elle a mangé de la nourriture fraîche.	☐	☐

D **Les descriptions** Pour chaque phrase, choisissez l'adjectif qui convient, puis mettez l'adjectif (à la bonne forme) avant ou après le mot selon le sens. Mettez un «x» dans le blanc que vous n'utilisez pas.

1. La famille royale anglaise n'est pas une _____ famille _____. (pauvre / riche)

2. Rome est une _____ ville _____. (ancien / prochain)

3. Chanel est une _____ marque *(brand)* _____. (frais / cher)

4. Céline Dion est une _____ chanteuse _____. (faux / grand)

5. Vendredi est le _____ jour _____ de la semaine de travail. (dernier / propre)

6. Taylor Swift est une _____ femme _____. (grand / ancien)

E **Les amies d'enfance** Amélie décrit sa meilleure amie Jeanne. Remplissez les blancs avec les adjectifs qui conviennent. Mettez les adjectifs à la bonne forme.

cher	dernier	favori	fou	long
même	petit	roux	prochain	

Jeanne est une (1) _____ amie d'enfance. On s'est rencontré en (2) _____ année d'école élémentaire. Elle a les cheveux (3) _____ et _____. Nous sommes toutes les deux assez (4) _____, donc, on partage *(share)* souvent les (5) _____ vêtements. Parfois, elle est un peu (6) _____, mais on s'amuse beaucoup. L'année (7) _____, nous allons aller à la même université. Jeanne est peut-être ma personne (8) _____ dans le monde.

F **Mon/Ma meilleur(e) ami(e)**

Étape 1. Faites une liste des adjectifs qui décrivent votre meilleur(e) ami(e).

_____   _____

_____   _____

_____   _____

_____   _____

Étape 2. Maintenant, utilisez ces adjectifs pour écrire 3–4 phrases à propos *(about)* de votre meilleur(e) ami(e).

_____

_____

_____

_____

_____

PARTIE 3

GRAMMAIRE 3

Le passé composé avec *avoir* et *être*

Ⓐ Qu'est-ce qu'ils ont fait? Pauline et Marc racontent leur week-end. Pour chaque phrase, regardez les participes passés pour décider qui a fait chaque activité.

1. _____ est allée au parc avec son chien. a. Pauline   b. Marc   c. Pauline et Marc

2. _____ est sorti avec ses amis. a. Pauline   b. Marc   c. Pauline et Marc

3. _____ est descendu au centre-ville. a. Pauline   b. Marc   c. Pauline et Marc

4. _____ sont partis de chez eux. a. Pauline   b. Marc   c. Pauline et Marc

5. _____ est arrivée à une fête en retard. a. Pauline   b. Marc   c. Pauline et Marc

6. _____ sont rentrés à la maison. a. Pauline   b. Marc   c. Pauline et Marc

🔊 **Ⓑ *Avoir* ou *être*?** Marc-Antoine est parti en week-end. Complétez les phrases d'après les verbes que
3-8   vous entendez.

1. a. du lit b. sa valise (*suitcase*)

2. a. son argent b. de son appartement

3. a. par les escaliers (*stairs*) b. ses chaussures

4. a. ses billets de train b. de chez lui

5. a. un week-end b. dans la gare

6. a. chez lui b. la voiture de location (*rental car*)

Ⓒ Quel verbe? Choisissez le verbe logique pour chaque blanc et mettez-le au **passé composé**.

1. (prendre / vivre) Caroline _____ trois ans à Paris et _____ le
métro souvent.

2. (apprendre / partir) Madeleine _____ une nouvelle langue, puis elle

_____ à l'étranger (*abroad*).

3. (devoir / pleuvoir) Il _____ beaucoup, donc Paul _____ rester à
la maison.

4. (vouloir / aller) Je/J' _____ une glace, alors nous _____ au café.

5. (naître / mourir) Mon grand-père _____ en 1935 et il _____ en
2014.

6. (partir / rentrer) Mon frère et moi, nous _____ du restaurant, puis nous

_____ à la maison.

D **Les cadeaux de Noël** La famille de Marc passe toujours le jour de Noël avec les grands-parents. Lisez le paragraphe et remplissez les blancs avec la bonne forme du verbe au passé composé.

arriver	sourire	boire	conduire	monter
offrir	ouvrir	passer	partir	

Cette année, ma famille (1) _____ Noël chez mes grands-parents, comme

d'habitude (asusual). Nous (2) _____ jusque chez eux à Toronto. Nous

(3) _____ dans la voiture à 8h00 du matin et nous (4) _____ chez

eux vers 20h00. Au dîner, nous avons bien mangé et nous (5) _____ beaucoup de cidre.

Cette année, je/j' (6) _____ un pull (sweater) que j'ai fait moi-même à ma grand-mère.

Quand elle (7) _____ son cadeau (gift), elle (8) _____ J'étais très

content. Puis, le lendemain (the next day), notre famille (9) _____ pour rentrer à la

maison. C'était un Noël parfait.

E **Le choix universitaire** Corinne interviewe son camarade de classe Marco pour le journal de l'Université Laval. Écoutez la conversation puis remplissez les blancs avec la bonne forme du verbe du lexique. Puis, décidez si chaque phrase est vraie ou fausse.

3-9

dire	faire	naître	plaire	suivre	venir

	vrai	faux
1. Marco _____ le 20 septembre.	☐	☐
2. Il _____ de Montréal.	☐	☐
3. Beaucoup de gens lui _____ que la ville de Québec était superbe.	☐	☐
4. Sa famille _____ une visite du campus.	☐	☐
5. L'université lui _____.	☐	☐
6. Il _____ des cours comme les mathématiques et l'histoire.	☐	☐

F **Votre vie universitaire** Pourquoi est-ce que vous avez décidé de venir étudier dans cette université? Est-ce que vous êtes venu(e) de loin (from far away)? Est-ce que vous avez fait une visite officielle du campus avant de prendre votre décision? Écrivez un petit paragraphe qui explique pourquoi vous êtes venu(e) ici. Est-ce que vous êtes content(e) de votre choix?

_____

_____

_____

_____

_____

🔊 Encore des sons et des mots

Les liaisons obligatoires, facultatives et interdites et l'enchaînement

In French, the words **liaison** and **enchaînement** refer to the linking of a final consonant sound of one word with the following word. The difference between the two is that a **liaison** involves the pronunciation of a normally silent consonant before a word beginning with a vowel sound and an **enchaînement** refers to instances where a final consonant sound is transferred to the word that follows. With **liaisons**, there are three types:

1. Required liaisons (**les liaisons obligatoires**)

2. Optional liaisons (**les liaisons facultatives**)

3. Forbidden liaisons (**les liaisons interdites**)

> **Liaisons are required:**
>
> between articles, numbers, or adjectives and nouns
>
> un homme   deux enfants   les étudiants   petit ami
>
> between pronouns and verbs
>
> vous avez   nous allons   ils ont   on adore
>
> in some expressions
>
> c'est-à-dire   quand est-ce que   avant-hier   plus ou moins

> **Liaisons are optional but typically used in more formal language, such as:**
>
> after plural nouns (les femmes arrivent, les gens écoutent)
>
> between two parts of a verb conjugation (ils sont allés, nous sommes arrivés)
>
> between a form of **être** and the word that follows it (il est heureux, elle est élégante)

> **Liaisons are forbidden:**
>
> after names (Thomas a une sœur)   in front of an **h aspiré** (les hiboux, les héros)
>
> after a singular noun (l'étudiant est impoli)   after a subject pronoun using inversion
>
> after **et** (Thomas et Élodie)

Pratique A

3-10 Écoutez et répétez chacun des mots ou phrases ci-dessous et à la page suivante.

Les liaisons obligatoires

1. Il est sportif.   5. c'est important

2. Nous étudions le français.   6. quand est-ce que

3. deux étudiants   7. c'est-à-dire

4. les élèves   8. plus ou moins

Les liaisons facultatives

1. des livres intéressants
2. les étudiants arrivent
3. elle est américaine
4. nous avons écouté

5. il est ici
6. elles sont allées
7. des enfants énergiques
8. elle est adorable

Les liaisons interdites

1. un courrier urgent
2. des héros
3. un enfant intelligent
4. Jonas habite avec ses parents.

5. Thomas et moi
6. Vincent a un frère
7. les hiboux *(owls)*
8. sont-ils arrivés?

Pratique B
. . . .

3-11 Écoutez les phrases suivantes et marquez les endroits qui ont des liaisons.

1. Les étudiants de la classe sont allés à un concert.
2. C'est un enfant très éduqué.
3. Il est arrivé à cinq heures et demie.
4. Quand est-ce que les hommes arrivent?
5. Nous avons rencontré son petit ami avant-hier.

Pratique C
. . . .

3-12 Écoutez et répétez les phrases de Pratique B. Faites attention aux liaisons.

Pratique D
. . . .

3-13 Écoutez ces extraits du film *Encore* et indiquez les liaisons que vous entendez.

1. Simone: Tu es un ange. Un ange.
2. Simone: Où dois-je mettre mes affaires?

   Claire: Tu peux les laisser dans ma chambre.

   Simone: Non, non. Je ne suis pas infirme. Je m'en occupe.
3. Simone: Toutes ces émotions!

Pratique E
. . . .

3-14 Maintenant, écoutez et répétez les extraits de Pratique D. Faites attention aux liaisons.

Pratique F Dictée!
. . . .

3-15 Écrivez les phrases que vous entendez.

1. _____
2. _____
3. _____
4. _____

L'identité

PARTIE 1

VOCABULAIRE 1

A **A L'intrus** Pour chaque groupe, trouvez le mot de vocabulaire qui ne va pas avec les autres.

1. a. l'architecture   b. les bleuets   c. l'ananas   d. la noix de coco

2. a. l'ail   b. le basilic   c. le piment rouge   d. la savane

3. a. la savane   b. la lavande   c. la jungle   d. le volcan

4. a. un cerisier   b. un pommier   c. un érable   d. un rosier

5. a. du canoë   b. de l'accordéon   c. du tambour   d. du violoncelle

6. a. un chêne   b. un territoire   c. un pin   d. un sapin

B **Les définitions** Faites correspondre chaque mot avec la définition qui convient

_____ **1.** le parler populaire   a. un fruit jaune important à Hawaï

_____ **2.** le territoire   b. la langue parlée de tous les jours

_____ **3.** la valorisation   c. l'arbre qu'on décore pour fêter Noël

_____ **4.** la harissa   d. une plante avec des épines *(thorns)* qui produit des fleurs

_____ **5.** le rosier   e. des petits fruits bleus

_____ **6.** le sapin   f. une sauce épicée qui vient d'Afrique du Nord

_____ **7.** les bleucts   g. l'acte qui consiste à donner de la valeur à une chose

_____ **8.** l'ananas   h. un endroit spécifique qui appartient *(belongs)* à un groupe

🔊
4-1
C **C'est quoi?** Écoutez chaque description et choisissez le mot de la liste qui lui correspond.

a. l'architecture   d. un dialecte   g. la savane

b. le bambou   e. le piment rouge   h. un volcan

c. un cerisier   f. la régionalisation

1. _____

2. _____

3. _____

4. _____

5. _____

6. _____

7. _____

8. _____

D **L'importance culturelle** Lisez les phrases suivantes et choisissez le mot logique pour remplir le blanc.

1. Dans la légende américaine, le petit George Washington a coupé _____.

   a. un cerisier   b. la savane

2. À Pompéi, _____ est entré en éruption et a détruit la ville entière.

   a. un volcan   b. un pommier

3. La feuille *(leaf)* de/d' _____ est au centre du drapeau *(flag)* canadien.

   a. chêne   b. érable

4. _____ est une herbe très populaire dans la cuisine italienne.

   a. Le basilic   b. La lavande

5. Parler _____ est un signe d'appartenance à un groupe linguistique.

   a. un ananas   b. un dialecte

6. Le style _____ d'un endroit reflète souvent les valeurs culturelles et artistiques d'un peuple.

   a. du territoire   b. de l'architecture

E **Un voyage à Hawaï** Kendra part bientôt à Hawaï avec son petit ami. Lisez le mail qu'elle écrit à sa mère et remplissez les blancs avec les mots qui conviennent.

des ananas	au cœur du	considérer que	dialecte	faire du canoë
la jungle	des noix de coco	du tambour	volcans	

Chère Maman,

Ça va? Je fais beaucoup de recherches pour nos vacances! J'ai découvert que les îles d'Hawaï ont été

formées par l'éruption des deux (1) _____ Mauna Loa et Kilauea qui se trouvent

(2) _____ parc national. J'ai hâte de voir (3) _____ d'Hawaï et de manger

(4) _____ et (5) _____. Puisque j'adore la nature et les activités sportives, on va bien sûr

(6) _____ pour profiter des belles journées sur la plage. Enfin, je veux apprendre *(learn)* la danse

Hula et jouer (7) _____. Il faut (8) _____ ce sont des aspects importants de la culture

hawaïenne. Peut-être que je peux même apprendre quelques mots de leur _____ régional!

Gros bisous,
Kendra

🔊 **F** **Une promenade dans la nature** Solange décrit un petit voyage qu'elle vient de faire avec ses amis.
4-2 Écoutez et répondez aux questions suivantes avec une ou plusieurs expressions du lexique. Pas tous les
mots ne sont utilisés mais certains peuvent être utilisés plusieurs fois.

des érables	des bleuets	de l'accordéon	des pins
du canoë	un pommier	des chênes	

1. Quelle activité sportive est-ce que Solange a faite avec Hélène? _____

2. Quels types d'arbres est-ce qu'elles ont vus? _____

3. De quel instrument est-ce qu'elles ont joué? _____

4. Qu'est-ce qu'Hélène a trouvé sur l'île? _____

5. Qu'est-ce que Solange a trouvé sur l'île? _____

G **Votre identité culturelle** Dans ce chapitre, on a parlé des symboles associés à différentes cultures.
En un petit paragraphe, décrivez les symboles et les activités que vous associez à votre identité
culturelle personnelle.

_____

_____

_____

_____

_____

_____

_____

_____

GRAMMAIRE 1

Les pronoms compléments d'objet direct; le pronom *en*

A **Les préférences** Lisez ces phrases et décidez quels objets ou quelles personnes les pronoms compléments remplacent.

1. Je les mange souvent. a. les bleuets b. l'ananas
2. Maria en fait tous les week-ends. a. du canoë b. la cuisine
3. Ils en adorent l'odeur. a. le basilic b. de la lavande
4. Nous le décorons pour Noël. a. la maison b. le sapin
5. Tu voudrais la voir. a. la jungle b. le centre commercial
6. Vous l'adorez. a. le basilic b. les bleuets

B **L'aventure culinaire** Paul n'est pas très aventurier en ce qui concerne la cuisine. Lisez les phrases et décidez à quel aliment ou boisson il fait référence.

> a. du lait de noix de coco
> b. les cuisses de grenouille à l'aïl (f.) (frog legs)
> c. les escargots (m.) (snails)
> d. du fromage qui sent fort (stinks)
> e. la harissa
> f. des bleuets
> g. le piment rouge

1. Je ne les ai jamais prises au restaurant. _____
2. Je ne l'ai jamais goûté. _____
3. Je n'en ai pas goûté. _____
4. Je n'en ai jamais acheté. _____
5. Je ne l'ai jamais utilisée dans un plat (dish). _____
6. Je ne les ai jamais commandés. _____
7. Je n'en ai jamais bu. _____

C **La journée de Claire** Claire raconte sa journée. Écoutez ces phrases et décidez à quelle chose elle fait référence.

1. a. une boisson gazeuse b. du café
2. a. les céréales b. la banane
3. a. la jupe bleue b. les bottes
4. a. mon ami b. les copains
5. a. le métro b. la voiture
6. a. les devoirs b. la vaisselle (dishes)

🔊 **D La petite amie** Charles décrit sa petite amie, Camille. Écoutez sa description puis décidez si les
4-4 phrases suivantes sont vraies ou fausses.

	vrai	**faux**
1. Elle a deux chats.	☐	☐
2. Elle joue du violoncelle depuis 8 ans.	☐	☐
3. Elle mange souvent du piment rouge.	☐	☐
4. Elle boit beaucoup de café.	☐	☐
5. Elle voit rarement ses amies.	☐	☐
6. Elle aime beaucoup son petit ami.	☐	☐

E La vie quotidienne Votre mère vous pose des questions sur votre vie de tous les jours. Écrivez une
réponse en remplaçant les mots soulignés par le bon pronom.

1. Est-ce que tu manges beaucoup <u>de fruits</u>?

Oui, je (j') _____ mange beaucoup.

2. Est-ce que tu manges <u>des légumes</u>?

Non, je ne (n') _____ mange pas.

3. Est-ce que tu fais <u>du sport</u>?

Non, je ne (n') _____ fais pas.

4. Est-ce que tu vois souvent <u>tes amis</u>?

Oui, je (j') _____ vois souvent.

5. Est-ce que tu aimes <u>le nouvel appartement</u>?

Non, je ne (n') _____ aime pas.

6. Est-ce que tu visites souvent <u>la région</u>?

Oui, je (j') _____ visite souvent.

F Un bon étudiant Marc cherche des conseils pour améliorer *(improve)* sa vie universitaire. Lisez
chaque conseil puis réécrivez-le en utilisant la forme **vous** et le bon pronom.

Modèle: Prendre le bus. –> **Prenez-le!**

1. Se lever tôt. _____

2. Prendre son petit déjeuner. _____

3. Ne pas manger de cochonneries *(junk food)*. _____

4. Faire ses devoirs. _____

5. Ne pas prendre trop de risques. _____

6. Ne pas regarder la télé tout le temps. _____

G Un bon ami Quelles sont les qualités d'un bon ami? Utilisez des pronoms d'objet direct et des verbes
à l'impératif pour expliquer à quelqu'un comment être un bon ami.

_____

_____

_____

_____

PARTIE **2**

V O C A B U L A I R E **2**

Ⓐ **L'intrus** Pour chaque groupe de mots, choisissez le mot de vocabulaire qui ne va pas avec les autres.

1. a. des chaussettes longues   b. des baskets   c. des bottines   d. une tresse

2. a. une crête iroquoise   b. une tresse   c. un pantalon de ville   d. une coupe mulet

3. a. démodé   b. négligé   c. habillé   d. ringard

4. a. un pantalon de ville   b. un débardeur   c. un jean slim   d. un pantalon de yoga

5. a. des chaussures   b. des chaussures   c. une coupe   d. des bottines
     à talons hauts   de ville   à la garçonne

6. a. des tongs   b. la coiffure   c. le crâne rasé   d. une queue de cheval

Ⓑ **Les associations** Quels vêtements associez-vous avec chaque personne mentionnée ci-dessous?

1. une femme sportive _____   a. des vêtements négligés

2. un hipster _____   b. un jean slim

3. une actrice aux Oscars _____   c. une robe de soirée

4. une personne dans les années 80 _____   d. un pantalon de yoga

5. un serveur / une serveuse _____   e. un tenue de travail

6. un SDF *(homeless person)* _____   f. une coupe mulet

Ⓒ **Nos habitudes vestimentaires** Le monde extérieur a beaucoup d'influence sur nos habitudes vestimentaires. Pour chaque phrase, choisissez le bon verbe pour remplir le blanc et conjuguez-le si nécessaire.

1. On utilise les réseaux sociaux pour _____ des images et des selfies.
    a. transmettre   b. faire un choix

2. Nos vêtements nous aident à _____ des autres.
    a. se distinguer   b. révéler

3. Chaque matin, on _____ en ce qui concerne notre apparence personnelle.
    a. participer   b. faire un choix

4. Certaines personnes _____ à des discussions sur la mode *(fashion)* sur les réseaux sociaux.
    a. participer   b. prendre

5. Parfois *(Sometimes)*, on _____ des décisions vestimentaires par rapport à nos amis.
    a. transmettre   b. prendre

6. Parfois, nos vêtements _____ notre personnalité ou nos valeurs.
    a. révéler   b. se distinguer

D **Les styles vestimentaires** Chaque style de vêtements est associé avec des stéréotypes. Pour chaque phrase, remplissez le blanc avec l'adjectif du lexique qui convient. Faites l'accord si nécessaire.

bon chic bon genre / BCBG habillé	décontracté négligé	démodé rasé	grand ringard

1. Quelqu'un de _____ porte de grosses lunettes (*glasses*) et des vêtements démodés.

2. Quelqu'un qui aime avoir un look _____ porte un smoking (*tuxedo*) ou une robe de soirée.

3. Quelqu'un qui a un look _____ porte des vêtements qui ne sont plus à la mode.

4. Quelqu'un d'apparence _____ ne fait pas attention à ses vêtements.

5. Quelqu'un de _____ porte des vêtements classiques et chers.

6. Quelqu'un qui a un look _____ porte des vêtements confortables.

E **Des chaussures pour chaque occasion!** Chaque personne assiste à un évènement différent ce samedi. Écoutez les descriptions et décidez de quel type de chaussures chaque personne a besoin. Puis, écrivez le mot de vocabulaire dans le blanc.

4-5

tongs baskets	chaussures de ville chaussures à talons hauts	bottes en caoutchouc bottines

1. des _____

2. des _____

3. des _____

4. des _____

5. des _____

6. des _____

F **Les choix de coiffure** Notre coiffure est un aspect important de notre apparence extérieure. Écoutez la description et décidez si les phrases suivantes sont vraies ou fausses.

4-6

	vrai	faux
1. Notre coiffure révèle parfois notre personnalité.	☐	☐
2. Les militaires décident rarement d'avoir une coupe en brosse.	☐	☐
3. Une crête iroquoise est une coiffure populaire parmi (*among*) les gens actifs.	☐	☐
4. La queue de cheval est un moyen de (*a way to*) contrôler ses cheveux.	☐	☐
5. Avoir le crâne rasé aide les hommes à cacher qu'ils perdent leurs cheveux!	☐	☐

G **Votre propre style** Est-ce que votre style révèle votre personnalité? Et votre coiffure? Écrivez un paragraphe qui décrit votre propre style en relation avec votre personnalité.

_____

_____

_____

_____

GRAMMAIRE 2

Les compléments d'objet indirect au présent, au passé composé et à l'impératif

A **Les donations** Paul va bientôt déménager et doit vider sa maison. À quel objet ou à quelle personne est-ce que chaque pronom fait référence?

1. Il lui donne des chaussures de ville.   a. à son amie   b. à ses parents

2. Il leur offre de la vaisselle *(dishes).*   a. à sa sœur   b. à ses frères

3. Il t'offre des baskets.   a. à toi   b. à moi

4. Il vous donne un sofa.   a. à sa copine   b. à toi et ton colocataire

5. Il nous donne des vêtements.   a. à Marie   b. à toi et moi

6. Il leur offre des étagères *(bookcases).*   a. à ses amis   b. à moi

B **À qui est-ce qu'elle écrit?** Julie déteste parler au téléphone et préfère communiquer par textos. Écoutez chaque phrase et décidez à qui elle écrit.

4-7

1. a. à sa mère   b. à toi   c. à ses parents

2. a. à vous   b. à Paul   c. à Marc et Clara

3. a. à ses frères   b. à Marie et Pierre   c. à toi

4. a. à sa sœur   b. à ses parents   c. à ses collègues

5. a. à ses amis   b. à moi   c. à toi et Caroline

6. a. à toi   b. à ses copines   c. à Clara

C **Le centre commercial** Sarah parle de ses habitudes de mode. Lisez le paragraphe et remplissez les blancs avec les pronoms qui conviennent. Quelques pronoms sont utilisés plus d'une fois.

en	me	lui	y

Mon style personnel est un moyen *(means)* de (1) _____ distinguer des autres. J'adore aller au centre commercial pour acheter une nouvelle tenue. Quand je/j' (2) _____ suis, je peux regarder tous les nouveaux vêtements dans les magasins. Je préfère regarder les chaussures parce que je/j' (3) _____ porte tous les jours et il faut (4) _____ avoir des paires pour toutes les occasions! Mon amie Claire vient souvent avec moi parce que je (5) _____ suggère souvent des vêtements à la mode. Sans moi, elle aurait un style ringard! Cette semaine, il y a une paire de baskets que je veux acheter. Je/J' (6) _____ ai pensé toute la semaine!

D **Le désobéissance** Luc n'est pas un enfant sage *(well-behaved)* et ne fait pas ce qu'il devrait. Remplacez les mots soulignés par le bon pronom.

1. Il n'obéit jamais à <u>ses parents</u>.

Il ne (n') _____ obéit jamais.

2. Il pense rarement <u>à ses devoirs.</u>

Il _____ pense rarement.

3. Il ne fait pas attention <u>aux règles</u> *(rules)*.

Il ne (n') _____ fait pas attention.

4. Il n'aime pas répondre <u>aux questions.</u>

Il n'aime pas _____ répondre.

5. Il déplaît souvent <u>à sa maîtresse</u> *(teacher)*.

Il _____ déplaît souvent.

6. Il ne s'intéresse pas <u>à l'école</u>.

Il ne se (s') _____ intéresse pas.

E **Les mots mêlés** Créez des phrases en mettant les mots dans le bon ordre.

1. leur / obéir / vais / je

_____

2. souvent / il / pense / y

_____

3. leur / nous / parler / allons

_____

4. rendre visite / me / allez / vous

_____

5. n' / Marie / y / répond / souvent / pas

_____

6. m' / y / intéressée / suis / je

_____

F **Des amis** Jean tient beaucoup à ses amis. Écoutez la description de ses amis et répondez aux
4-8 questions en utilisant le bon pronom.

1. Est-ce que ses amis s'intéressent au sport?

Oui, ils se (s') _____ intéressent.

2. Est-ce qu'ils font partie de clubs universitaires?

Oui, ils _____ font partie.

3. Est-ce que Jean fait attention à son téléphone quand il est avec ses amis?

Non, il ne (n') _____ fait pas attention.

4. Est-ce que ses amis lui manquent pendant les vacances?

Oui, ses amis _____ manquent pendant les vacances.

5. Est-ce qu'ils vont partir à la montagne ensemble?

Non, ils ne vont _____ pas partir ensemble.

G **Un(e) bon(ne) ami(e)?** Est-ce que vous êtes un(e) bon(ne) ami(e)? Utilisez au moins
quelques-uns *(some of)* des verbes ci-dessous pour expliquer pourquoi vous êtes (ou n'êtes pas!)
un(e) bon(ne) ami(e).

faire attention à	téléphoner à	tenir à	penser à / de	rendre visite à

_____

_____

_____

_____

_____

_____

_____

PARTIE **3**

GRAMMAIRE 3

Les verbes irréguliers au conditionnel; la position des pronoms multiples

A **Les vacances** Lucas décrit les vacances idéales de sa famille. Choisissez le bon sujet pour chaque phrase.

1. _____ verrais la plage.   a. Je/J'   b. Ma mère   c. Mes parents

2. _____ irions en montagne.   a. Nous   b. Je/J'   c. Vous

3. _____ ferait du canoë dans la rivière.   a. Vous   b. Mon frère   c. Mes parents

4. _____ voudraient rester au calme.   a. Ma sœur   b. Je   c. Mes parents

5. _____ ferais du camping.   a. Nous   b. Ma mère   c. Je

6. _____ iraient au parc d'attractions.   a. Je/J'   b. Mes frères   c. Ma sœur

7. _____ verriez beaucoup de films au ciné.   a. Ma sœur   b. Vous   c. Je

8. _____ pourrions faire de la randonnée.   a. Tu   b. Mes amis   c. Nous

B **Les enfants impolis** Vanessa n'est pas toujours polie. Pour chaque chose qu'elle dit, cochez si sa demande est (a) polie ou (b) impolie.

4-9

	polie	impolie			polie	impolie
1.	☐	☐		4.	☐	☐
2.	☐	☐		5.	☐	☐
3.	☐	☐		6.	☐	☐

C **Les pronoms multiples** Réécrivez chaque phrase en remplaçant chaque partie soulignée par le bon pronom. Faites attention à la place des pronoms!

Modèle: Vous voyez: Thomas raconte une histoire à sa copine.
          Vous écrivez: Thomas **lui en** raconte une.

1. Ma mère m'achète des chaussures en cuir.

   Ma mère _____ achète.

2. Je donne la lettre à ma mère.

   Je (J') _____ donne.

3. Il décrit les derniers vêtements à la mode à son copain.

   Il _____ décrit.

4. Tu parles de tes nouvelles bottines à tes amis?

   Tu _____ parles?

5. Mon frère aime offrir des cadeaux à sa petite amie.

   Mon frère aime _____ offrir.

6. Vous n'allez pas retrouver vos amis au cinéma.

   Vous n'allez pas _____ retrouver.

D **Que feriez-vous?** Parmi ces deux possibilités, qu'est-ce que vous feriez? Remplissez les blancs avec la bonne forme du verbe au conditionnel. Puis, choisissez votre préférence parmi les possibilités.

1. Entre la plage et la montagne, je/j' (aller) _____ à la plage / en montagne.

2. Entre un film romantique et un film d'horreur, je/j' (voir) _____ un film romantique / un film d'horreur.

3. Entre faire du violoncelle ou du tambour, je/j' (faire) _____ du violoncelle / du tambour.

4. Entre des chaussures à talons hauts et des baskets, je/j' (vouloir) _____ des chaussures à talons hauts / des baskets.

5. Entre professeur et politicien(ne), je/j' (devenir) _____ professeur / politicien(ne).

6. Entre riche ou heureux (heureuse), je/j' (être) _____ riche / heureux (heureuse).

E **Un week-end de camping** Maria planifie de faire du camping pendant un week-end avec ses amis. Lisez la description de son week-end idéal et remplissez les blancs avec la bonne forme du verbe au conditionnel.

Pour un week-end idéal de camping, il ne (1) _____ (devoir / pleuvoir) pas et je/j'
(2) _____ (aller / envoyer) en montagne. Mes amis (3) _____ (venir / vouloir) avec
moi. Nous (4) _____ (savoir / pouvoir) faire un grand feu de joie *(bonfire)* et nous
(5) _____ (faire / falloir) des chamallows grillés *(roasted marshmallows)*. Pendant la journée,
je (6) _____ (voir / être) beaucoup de belles choses dans la nature et je (7) _____
(devoir / faire) du canoë aussi. J'ai hâte de passer un week-end comme ça. Ce week-end
(8) _____ (être / venir) génial!

F **Les conseils** Pour chaque désir de votre professeur, écrivez votre conseil en utilisant la forme **vous** et des pronoms multiples.

Modèle: Je voudrais donner le cadeau à ma sœur. –> **Donnez-le-lui. / Ne le lui donnez pas.**

1. J'aimerais offrir des fleurs à ma mère. _____

2. Je voudrais donner les biscuits à mes amis. _____

3. Je pourrais mettre les photos sur Instagram. _____

4. J'aimerais parler à ma mère de mes vacances. _____

5. Je voudrais apporter des gâteaux à mes grands-parents. _____

6. J'aimerais donner ces chaussures à mon frère. _____

G **Les vacances idéales** Si vous aviez une somme illimitée *(unlimited)* d'argent, où est-ce que vous partiriez en vacances? Avec qui? Qu'est-ce que vous feriez? Écrivez une petite description de vos vacances idéales.

_____

_____

_____

_____

🔊 Encore des sons et des mots

Les sons [r], [s] et [z]

The French /r/ is a sound unique to French. Because the sound is made in the back of the throat it is sometimes equated to the sound that you make when you are about to gargle or say "Ah ha!" The French /r/ is actually closer to an English /h/ sound. Listen to the following words that contain the French /r/ and see if you can mimic the sound.

> parler / harissa / marquer / érable / rosier / crâne / brosse

The letter **s** in French can either be pronounced /s/ or /z/ depending on the letters around it. The **s** is pronounced /s/ at the beginning of a word, after a pronounced consonant, or in the case of a double **ss**. The following letters are also pronounced /s/: **ç, c** followed by **i** or **e**, and **t** in **-tion**.

> harissa / sapin / ça va / une tresse / social / soirée / valorisation

The letter **s** is pronounced /z/ in a liaison or between two vowels.

> basilic / cerisier / très optimiste / des érables

Pratique A

4-10 Écoutez attentivement et répétez les mots suivants qui contiennent le son /r/.

1. architecture	9. érable
2. parler	10. faire
3. territoire	11. cœur
4. marquer	12. accordéon
5. transmise	13. tambour
6. harissa	14. hier
7. rouge	15. participer
8. rosier	16. coiffure

Pratique B

. . . .

4-11 Écoutez et répétez les mots qui contiennent le son /s/.

1. sociaux	**6.** sapin
2. basket	**7.** passeport
3. brosse	**8.** ancien
4. distinguer	**9.** population
5. cerf-volant	**10.** façade

Pratique C

. . . .

4-12 Écoutez et répétez les mots qui contiennent le son /z/. Notez la position de la lettre **s** entre les voyelles ou dans le cas d'une liaison.

1. rasé	**6.** les États-Unis
2. iroquoise	**7.** les amis
3. réseau	**8.** trois ans
4. régionalisation	**9.** les érables
5. rosier	**10.** ils ont

Pratique D

. . . .

4-13 Écoutez ces extraits du film *Encore*. Encerclez tous les sons /s/ et soulignez tous les sons /z/.

1. Abia: Ma chère Simone, c'est à ton tour, de te laisser parler d'amour.

2. Abia: Madame Gagner, c'est vraiment un plaisir de vous voir.

3. Simone: Ça suffit. Où dois-je mettre mes affaires?

4. Claire: Maman, tout ce que je suis, c'est grâce à toi et l'éducation que tu m'as donnée.

5. Simone: Toutes ces émotions! C'est trop! On va se préparer un thé, d'accord?

Pratique E

. . . .

4-14 Écoutez et répétez les phrases de la Pratique D.

Pratique F Dictée!

. . . .

4-15 Claude est un hipster. Écoutez sa description et écrivez les phrases que vous entendez.

1. _____

2. _____

3. _____

4. _____

L'amitié

CHAPITRE 5

PARTIE 1

VOCABULAIRE 1

A **Les définitions** Pour chaque mot, choisissez la définition qui convient.

1. _____ un ami d'enfance
2. _____ la complicité
3. _____ un conseil
4. _____ une épreuve
5. _____ une âme sœur
6. _____ un intérêt commun

a. une personne que vous connaissez depuis l'école primaire

b. un problème que vous devez surmonter ou affronter *(face)*

c. une activité que deux ou plusieurs personnes partagent

d. une personne avec qui vous avez une connexion très forte et durable

e. une suggestion d'un ami pour régler *(resolve)* un problème

f. la connexion entre deux amis

B **Préférences** Basez sur les articles et les noms, déterminez l'activité que les gens aiment faire.

1. On aime aller à la   a. pêche   b. spa   c. fêtes
2. On aime faire du   a. gym   b. sports   c. shopping
3. On aime jouer à des   a. camping   b. basket   c. sports
4. On aime faire de la   a. gym   b. yoga   c. vélo
5. On aime aller au   a. sports   b. spa   c. pêche
6. On aime faire une   a. promenade   b. voyage   c. vélo

C **Les activités entre amis** Pour chaque description, choisissez l'activité de la liste qui correspond.

a. aller au spa	d. faire du camping	g. faire du yoga
b. assister à un match de football	e. faire du shopping	h. faire du vélo
c. bavarder	f. faire un voyage	

1. _____ On va au centre commercial pour faire des achats *(purchases)*.
2. _____ On fait une promenade en bicyclette.
3. _____ On va au stade *(stadium)* pour encourager notre équipe *(team)* préférée.
4. _____ On part avec nos tentes pour un week-end dans la nature.
5. _____ On discute de plusieurs sujets différents au café.
6. _____ On aime faire de la méditation et améliorer *(improve)* notre flexibilité.
7. _____ On veut se détendre et s'offrir un massage.
8. _____ On prend l'avion pour aller visiter un nouveau pays.

🔊 **D** **Un bon ami** Décidez si chaque phrase décrit un bon ou un mauvais ami.
5-1

	bon ami	mauvais ami
1.	☐	☐
2.	☐	☐
3.	☐	☐
4.	☐	☐
5.	☐	☐
6.	☐	☐

E **Comment trouver des amis?** Francine écrit un article pour le journal universitaire. Elle donne des conseils aux nouveaux étudiants sur comment se faire des amis à l'université. Choisissez les mots de vocabulaire qui conviennent pour compléter le paragraphe.

À l'université, il y a beaucoup de façons différentes de se faire de nouveaux amis. En premier, vous allez bien sûr (1) (suivre des cours / porter un jugement) selon vos intérêts alors vous risquez de rencontrer des personnes qui vous ressemblent en classe. Si ça ne marche pas, vous pouvez commencer à (2) (commander une pizza / jouer aux sports) pour vous mettre en forme et pour trouver des amis sportifs. Si vous êtes plutôt intellectuel ou activiste, vous pouvez (3) (faire du shopping / vous inscrire dans un club). Pour ceux qui ont un grand cœur *(heart)*, je vous conseille de/d' (4) (être bénévole dans une organisation / aller au spa) pour faire de nouvelles connaissances. Vous pouvez aussi simplement inviter votre voisin au café pour (5) (prendre un verre / faire de la gym). Bonne chance et surtout ne vous inquiétez pas!

🔊 **F** **Les amis potentiels** Clara et Quentin viennent de se rencontrer. Chacun dit ce qu'il/elle aime faire.
5-2

Étape 1. Écoutez leurs descriptions et décidez si chaque phrase est vraie ou fausse.

		vrai	faux
1.	Clara préfère rester à la maison.	☐	☐
2.	Clara adore voyager et découvrir le monde.	☐	☐
3.	Quentin adore faire la fête.	☐	☐
4.	Clara et Quentin veulent trouver des amis qui ont des intérêts communs avec eux.	☐	☐

Étape 2. Est-ce que vous pensez que Clara et Quentin seraient de bons amis?

Oui / Non

☐   ☐

G **Vos amis** Comment sont vos amis? Quelles sont les activités que vous aimez faire ensemble? Utilisez le vocabulaire de cette partie du chapitre pour décrire vos amitiés et vos intérêts communs.

_____

_____

_____

_____

GRAMMAIRE 1

Le passé composé des verbes *courir, mourir, savoir, conduire, connaître, rire, suivre;* les expressions de temps

A **Les connaissances** Luc parle de son ami Patrick. Déterminez quelle expression de temps convient pour terminer chaque phrase.

1. J'ai suivi un cours avec lui…   a. pendant un semestre.   b. ça fait un semestre.

2. Nous nous connaissons…   a. pendant un an.   b. depuis l'enfance.

3. Il a couru 5 kilomètres avec moi…   a. il y a deux mois.   b. pendant un mois.

4. On va ensemble à l'université…   a. depuis l'année dernière.   b. il y a un semestre.

5. Son chien est mort…   a. pendant un an.   b. il y a un an.

B **Le temps** Vous allez entendre des débuts de phrases. Pour chacun, choisissez le temps du verbe qui convient pour terminer la phrase, d'après l'expression de temps que vous avez entendue.

5-3

1. a. sortez-vous ensemble?   b. êtes-vous sortis ensemble?

2. a. je suis des cours de français.   b. j'ai suivi des cours d'italien.

3. a. connais-tu cet ami?   b. as-tu connu cet ami?

4. a. Marc court un marathon.   b. Marc a couru un marathon.

5. a. nous étudiions à l'université.   b. nous avons étudié à l'université.

6. a. Lucille sort avec Pierre.   b. Lucille est sortie avec Pierre.

C **La famille d'Antoine** Antoine décrit sa famille. Complétez chaque phrase avec l'expression de temps qui convient: **depuis, il y a** ou **pendant.**

1. Ma grand-mère est morte _____ trois ans.

2. Ma petite sœur a 16 ans et elle conduit _____ six mois.

3. Ma mère est médecin et elle a suivi des cours universitaires _____ quatre ans.

4. Je connais ma petite amie Sarah _____ cinq ans.

5. J'ai rencontré Paul, un ami d'enfance, _____ dix ans.

6. Au lycée, ma sœur a couru le 100 mètres _____ quatre ans.

D **Les organisations** Raphaël est membre de plusieurs clubs sur son campus et il a un calendrier bien rempli. Écoutez la description de ses activités et décidez si les phrases suivantes sont vraies ou fausses.

5-4

	vrai	faux
1. Raphaël est en troisième année à l'université.	☐	☐
2. Il aime faire du camping et être sportif.	☐	☐
3. Il court tous les jours avec son chien.	☐	☐
4. Il se spécialise en histoire.	☐	☐
5. Il aime faire des activités bénévoles.	☐	☐
6. Il ne sait rien sur les philosophes français.	☐	☐

E **Le journal universitaire** Claire interviewe des étudiants sur son campus pour un article sur leurs vies personnelles. Lisez chaque question/réponse, puis choisissez le verbe qui convient pour compléter la question et conjuguez-le au temps approprié.

1. —Depuis quand est-ce que vous _____ (suivre / courir) des cours ici?

   —Depuis deux ans.

2. —Ça fait combien de temps que vous _____ (savoir / conduire) qui est le président de l'université?

   —Ça fait un an.

3. —Depuis combien de temps est-ce que vous vous _____ (connaître / savoir) en tant qu'amis *(as friends)*?

   —Depuis trois mois.

4. —Ça fait combien de temps que nous _____ (mourir / rire) et parlons ensemble?

   —Ça fait quinze minutes.

5. —Pendant combien de temps est-ce que vous _____ (suivre / savoir) des cours à l'étranger?

   —Pendant un trimestre.

6. —Depuis quand est-ce que vous _____ (savoir / courir) ensemble sur le campus?

   —Depuis cet été.

F **La femme de sa vie** Christophe raconte sa relation avec sa copine Rachel. Lisez le paragraphe et remplissez les blancs avec les mots du lexique qui conviennent. N'oubliez pas de conjuguer le verbe si nécessaire!

ça fait	depuis	il y a	rire	savoir	pendant	courir

Je connais Rachel (1) _____ trois ans. Quand je l'ai rencontrée, j'ai trouvé qu'elle était ravissante et sociable, et je/j' (2) _____ immédiatement qu'elle était parfaite pour moi. Nous avons parlé ensemble (3) _____ des heures. Quand elle a quitté le bar, je/j' (4) _____ après elle pour lui demander son numéro de téléphone. Maintenant, (5) _____ deux ans et demi que nous sommes ensemble. (6) _____ un mois, je l'ai demandée en mariage. J'espère que nous allons toujours continuer à (7) _____ ensemble!

G **Ma vie** Quelles activités est-ce que vous aimez faire? Est-ce que vous les faites depuis longtemps? Utilisez le vocabulaire de la première partie du chapitre pour écrire un petit paragraphe qui décrit les activités que vous aimez faire, puis ajoutez des expressions de temps pour dire depuis combien de temps vous faites chaque activité.

_____

_____

_____

_____

PARTIE 2

VOCABULAIRE 2

A **Quelle sorte d'ami?** Lydia décrit différents types d'amis. Faites correspondre chaque description avec la relation de la liste qui convient le mieux.

1. _____ C'est quelqu'un qui a le même emploi que moi.
2. _____ C'est quelqu'un avec qui je suis un cours à l'université.
3. _____ C'est quelqu'un qui est plein d'insincérité.
4. _____ C'est quelqu'un qu'on connaît à peine *(barely)*.
5. _____ C'est quelqu'un avec qui on passe souvent de bons moments.

a. un camarade de classe

b. une connaissance

c. un collègue de travail

d. un copain

e. un ami déloyal

B **Un bon ami?** Écoutez chaque description et décidez s'il s'agit d'un vrai ami ou d'un ami déloyal.

5-5

	un vrai ami	un ami déloyal
1.	☐	☐
2.	☐	☐
3.	☐	☐
4.	☐	☐
5.	☐	☐
6.	☐	☐

C **La distance entre amis** Certaines choses dans la vie peuvent renforcer ou affaiblir *(weaken)* une relation. Pour chaque phrase, décidez si la situation mentionnée va probablement rapprocher *(bring closer)* ou séparer deux personnes.

	rapprocher	séparer
1. Mon copain Jocelyn me montre beaucoup d'affection.	☐	☐
2. Ma copine Sophie gère mal *(poorly handles)* sa colère.	☐	☐
3. Mon copain Martin exprime souvent de la jalousie quand ses amis vont bien.	☐	☐
4. Ma copine Stéphanie adore partager la joie de ses amis.	☐	☐
5. Ma copine Céline trahit souvent mes confidences.	☐	☐
6. Mon copain Robert m'invite souvent à des évènements familiaux.	☐	☐

D **Quelle émotion?** Qu'est-ce qu'on ressent typiquement dans les situations suivantes? Pour chaque situation, choisissez l'émotion la plus logique.

1. Quand mes copains oublient mon anniversaire, je ressens…
   a. de la joie   b. du chagrin   c. de la jalousie

2. Quand ma mère me dérange dix fois par jour avec des questions bêtes, je ressens…
   a. du chagrin   b. de l'affection   c. de l'agacement

3. Quand je passe de bons moments avec mes amis, je ressens…
   a. de l'agacement   b. de la camaraderie   c. de la tristesse

4. Quand je ne vois pas mes amis pendant longtemps, je ressens…
   a. de la tristesse   b. de la joie   c. de l'insincérité

5. Quand un collègue de travail copie mes idées, je ressens…
   a. de la joie   b. de la camaraderie   c. de la colère

E **L'ami d'enfance** Élodie décrit son meilleur ami, Pierre. Remplissez les blancs avec les expressions ou les mots qui conviennent.

c'est la même chose pour	entre	souvenirs
dans un sens	faire des confidences	pour toujours

Mon ami Pierre est un ami d'enfance avec qui j'ai beaucoup d'intérêts communs. J'adore faire du yoga et

(1) _____ lui. Je sais que je peux toujours lui (2) _____

et que jamais il ne les trahirait. (3) _____ lui et moi, c'est une relation sincère.

(4) _____, c'est le frère que je n'ai jamais eu. Nous avons déjà beaucoup de bons

(5) _____ ensemble, et j'ai hâte d'en avoir d'autres avec lui. J'espère que nous

serons amis (6) _____.

F **Un ami déloyal** Est-ce que vous avez jamais eu un ami déloyal? Qu'est-ce que vous avez ressenti dans cette relation? Est-ce que vous avez toujours de l'amitié pour cette personne? Décrivez cette expérience dans un petit paragraphe. Si vous n'avez jamais été dans cette situation, imaginez votre réaction si vous l'étiez.

_____

_____

_____

_____

GRAMMAIRE 2

La position des adverbes

A **Les antonymes** Pour chaque adverbe, trouvez son opposé dans la liste.

1. _____ souvent
2. _____ pas assez
3. _____ bien
4. _____ pire
5. _____ heureusement
6. _____ partout
7. _____ tard
8. _____ probablement pas

a. trop
b. sans doute
c. nulle part
d. mieux
e. rarement
f. mal
g. tôt
h. malheureusement

B **Les habitudes** Pour chaque phrase, choisissez l'adverbe qui convient.

1. Quelqu'un qui dort jusqu'à 11h30 du matin se lève (tard / parfois).

2. Quelqu'un qui suit un régime *(diet)* mange (beaucoup / peu) de gâteaux.

3. Quelqu'un qui a mal à l'estomac va manger (trop / peu).

4. Quelqu'un qui n'est pas chez lui *(at home)* est (nulle part / ailleurs).

5. Quelqu'un qui n'est pas bon en sport en fait (mal / parfois).

6. Quelqu'un qui ne fait pas son devoir maintenant le fera (hier / plus tard).

C **Les amis** Pour chaque phrase, déterminez si Clara décrit un bon ou un mauvais trait *(characteristic)* chez un ami.

5-6

	bon trait	mauvais trait
1.	☐	☐
2.	☐	☐
3.	☐	☐
4.	☐	☐
5.	☐	☐
6.	☐	☐

🔊 **D** **Comment?** Vous allez entendre des descriptions de différentes personnes. Choisissez le mot qui convient pour compléter chaque phrase.

5-7

1. Elle donne (généreusement / rarement) aux autres.

2. Il fait (toujours / parfois) ses devoirs.

3. D'habitude, il se couche (tôt / tard) le week-end.

4. Il veut être servi *(served)* (lentement / immédiatement) au restaurant.

5. Elle a (assez / parfois) mangé.

6. Elle ne trahit pas (facilement / demain) ses amis.

E **Les observations** Dominique décrit ses amis. Lisez chaque phrase et remplissez le blanc avec l'expression de temps qui convient, d'après le sens de la phrase. Vous pouvez utiliser certains mots du lexique plusieurs fois ou pas du tout.

> ce matin déjà enfin plus tard récemment sans doute quelque part pas facilement

1. Aujourd'hui, j'ai rendez-vous avec une amie à 17h00. Je vais la voir _____.

2. Caroline et moi avons _____ passé un bon moment ensemble au spa.

3. J'ai vu Claude en cours ce matin. Je lui ai _____ parlé.

4. Marie a le béguin *(crush)* pour Jean-Luc. Aujourd'hui elle lui a _____ parlé!

5. Christine ne trouve jamais ses clés de voiture. Elle les oublie toujours _____!

6. Sylvie et moi adorons One Direction. On va _____ à leur concert!

F **Votre match idéal**

Étape 1. Qu'est-ce que vous attendez d'un(e) ami(e) ou d'un(e) partenaire? Quels sont ses traits de caractère? Est-ce qu'il/elle vous téléphone souvent? Rarement? Est-ce qu'il/elle vous fait toujours confiance? Est-ce que vous devez le/la voir tous les jours ou juste de temps en temps? Écrivez une petite description de ce que vous recherchez chez un(e) ami(e) ou chez un(e) partenaire idéal(e).

_____

_____

_____

_____

Étape 2. D'après cette description, est-ce que vous vous considérez comme un(e) bon(ne) ami(e) ou partenaire?

_____

_____

_____

_____

PARTIE 3

GRAMMAIRE 3

L'imparfait et le passé composé

A **Dans le passé** Marie-Claire parle des choses qu'elle a faites dans le passé. Choisissez l'expression de temps appropriée pour chaque phrase.

1. … j'allais au cinéma avec mes amis.   a. D'habitude   b. Le week-end dernier

2. … j'ai fait un voyage en Afrique.   a. L'été dernier   b. Chaque année

3. … je faisais confiance à tout le monde.   a. Hier matin   b. À cette époque-là

4. … je suis allée au spa pour me détendre.   a. Lundi   b. Autrefois

5. … je rendais visite à mes grands-parents.   a. Tout à coup   b. Chaque été

6. … j'ai pris un café avec ma sœur.   a. Ce matin   b. Le mardi

7. … j'ai fait une promenade dans le parc.   a. Un jour   b. D'habitude

8. … je jouais à des sports.   a. Soudain   b. Tous les jours

B **Le temps correct** Juliette décrit des événements passés. Lisez chaque phrase et choisissez la bonne forme du verbe.

1. Chaque lundi, Élodie (a fait / faisait) du yoga avec elle au studio.

2. Soudainement, Claude (a décidé / décidait) de trahir une de ses confidences.

3. Hier, je (suis allée / allais) au spa pour un massage.

4. Tous les jours, André et moi (avons pris / prenions) un café ensemble.

5. Quand j'étais petite, je/j'(ai fait / faisais) du vélo avec ma sœur.

6. Une fois, ma famille (a fait / faisait) du camping dans les montagnes.

C **Un ami d'enfance** Jean-Marc et Patrick sont amis depuis l'enfance. Lisez chaque phrase qui décrit les choses qu'ils ont faites ensemble et remplissez le blanc avec la forme du verbe qui convient.

1. Quand nous étions petits, nous _____ à la pêche chaque week-end. (aller / faire)

2. Chaque vendredi, nous _____ dans le parc près de chez moi. (faire du vélo / faire du shopping)

3. L'été dernier, nous _____ en Italie avec nos amis. (faire un voyage / bavarder)

4. Autrefois, nous _____ de notre équipe de foot préférée. (faire du yoga / assister aux matchs)

5. Une fois, nous _____ près du lac Supérieur. (jouer à des jeux vidéo / faire du camping)

6. Le trimestre dernier, nous _____ de philosophie ensemble. (suivre un cours / faire la fête)

7. Avant, nous _____ comme *Halo* et *Mario* tous les week-ends. (jouer à des jeux vidéo / faire du vélo)

8. Hier soir, nous _____ au café avec nos copines. (faire du yoga / prendre un verre)

🔊 **D** **Le passé ou le présent?** Écoutez chaque phrase et déterminez s'il s'agit d'une activité que Michel
5-8   faisait (a) quand il était petit ou d'une activité qu'il a faite (b) le week-end passé.

	quand il était petit	le week-end passé		quand il était petit	le week-end passé
1.	☐	☐	**4.**	☐	☐
2.	☐	☐	**5.**	☐	☐
3.	☐	☐	**6.**	☐	☐

E **L'interruption** Le frère de Christine est toujours en train de l'interrompre quand elle est à la maison.
Basé sur la séquence des évènements, remplissez les blancs avec la forme correcte du verbe: l'imparfait
ou le passé composé.

Modèle: Je _____ (faire) mes devoirs quand mon frère _____ (entrer) dans ma chambre.
  Je faisais mes devoirs quand mon frère est entré dans ma chambre.

1. Je _____ (prendre) un café quand mon frère _____ (faire) du bruit (noise).

2. Je _____ (lire) un livre quand il _____ (téléphoner).

3. Je _____ (jouer) à des jeux vidéo quand il _____ (prendre) la télécommande (remote).

4. Je _____ (regarder) un film quand il _____ (crier) (shout) très fort.

5. Je _____ (dormir) quand il me/m' _____ (poser) une question.

6. Je _____ (faire) du yoga quand il me/m' _____ (déranger).

F **Une amie d'enfance** Luc raconte un souvenir d'enfance avec sa meilleure amie Caroline. Lisez
l'histoire et remplissez les blancs avec les formes correctes des verbes, selon le contexte.

Quand je/j' (1) _____ (être) petit, je/j' (2) _____ (aller) chez Caroline tous les jours.
Un jour, comme il (3) _____ (faire) très beau, nous (4) _____ (décider) d'aller faire
une promenade au parc. À cette époque-là, nous faisions souvent du vélo au parc. Cette fois-ci, il y
(5) _____ (avoir) des cailloux (rocks) sur le chemin (path) et je (6) _____ (tomber) de
mon vélo. J'ai commencé à pleurer. Nous (7) _____ (retourner) chez Caroline. Quand nous
(8) _____ (arriver) chez elle, sa mère (9) _____ (être) dans la cuisine. Elle me/m'
(10) _____ (donner) un pansement pour mon genou. Après ça, je (11) _____
(ne pas faire) de vélo pendant quelques jours. Je/J' (12) _____ (être) trop triste! Maintenant, je
fais beaucoup plus attention aux cailloux!

G **Un souvenir d'enfance** Écrivez un petit paragraphe pour raconter un souvenir d'enfance. Quand
est-ce que cet évènement a eu lieu (took place)? Où? Avec qui? Qu'est-ce qui s'est passé? Faites attention
aux temps des verbes!

_____

_____

_____

_____

_____

_____

🔊 Encore des sons et des mots

Les consonnes finales muettes et les consonnes finales prononcées

In general, final consonants in French are silent.

| salut | vous | coup | agacement | amis |

However, there are some final consonants that are generally pronounced: **q, k, b, c, r, f, l.** To help you remember these consonants, think of the consonants in the phrase: **QuicK – Be CaReFuL!**

| club | loyal | chic | cinq | pour | neuf | ressentir |

An exception is **r** in words ending in **-ier** and **-er.**

| particulier | premier | aller | papier | parler | passer |

If a word ends in an unaccented **-e** or **-es,** the preceding consonant is always pronounced, but the **-e/-es** remains silent.

| porte | allemand/allemande | grand/grande | bavard/bavarde |

You learned a major exception in **Chapter 3:** Some final consonants that are normally silent will be pronounced if there is a **liaison** (for example, between an article and a noun).

| les amis | un enfant | les organisations |

Pratique A

5-9 Écoutez et répétez les mots suivants. Puis, indiquez si la consonne finale est prononcée ou pas prononcée.

	prononcée	pas prononcée
1. loyal	☐	☐
2. pour	☐	☐
3. cinq	☐	☐
4. étudier	☐	☐
5. superficiel	☐	☐
6. cher	☐	☐
7. français	☐	☐
8. club	☐	☐
9. concert	☐	☐
10. travailler	☐	☐
11. cahier	☐	☐
12. neuf	☐	☐

Pratique B

· ·

5-10 Écoutez et répétez les phrases suivantes. Puis, encerclez les mots (s'il y en a) qui ont des consonnes finales prononcées.

1. En hiver, je porte des vêtements chics et chauds.

2. Pour mes cours, j'ai besoin d'un classeur, d'un cahier et de stylos.

3. Pendant les vacances, j'aime lire le journal et sortir avec mes cinq meilleurs amis.

Pratique C

· ·

5-11 **Étape 1.** Vous allez entendre des mots de vocabulaire du chapitre épelés à haute voix *(spelled out loud).* Écrivez les mots puis vérifiez vos réponses.

1. _____

2. _____

3. _____

4. _____

5. _____

6. _____

7. _____

Étape 2. Maintenant, écoutez de nouveau et répétez les mots de l'Étape 1. Encerclez les mots avec une consonne finale prononcée.

Pratique D Dictée!

· ·

5-12 **Étape 1.** Vous allez entendre un extrait du film *Encore.* C'est le superviseur de Claire qui parle. Écrivez les phrases que vous entendez. Vous pouvez répéter l'extrait plusieurs fois.

_____

_____

_____

_____

_____

Étape 2. Maintenant, réécoutez l'extrait et encerclez les consonnes finales prononcées et les liaisons.

Les **apparences**

CHAPITRE
6

PARTIE **1**

VOCABULAIRE 1

A **L'intrus** Pour chaque groupe, choisissez le mot qui ne va pas avec les autres.

1. un tailleur / un costume-cravate / un bouc / une tenue

2. une casquette / la beauté / une capuche / un voile

3. une barbe / un bouc / une moustache / une tunique

4. soigner / faire un effort / faire sa toilette / faire négligé

5. soignée / propre / confortable / trompeur

6. le statut social / la taille / le poids / le physique

B **La bonne occasion** Décidez quel vêtement ou accessoire correspond à chaque description que vous entendez.

6-1

_____ 1. a. une casquette   b. une tenue

_____ 2. a. un foulard   b. un costume-cravate

_____ 3. a. les habits   b. des lunettes

_____ 4. a. un tailleur   b. un voile

_____ 5. a. un costume-cravate   b. une capuche

_____ 6. a. un tailleur   b. une tunique

C **Les influences sociétales** Complétez chaque phrase avec le mot de vocabulaire approprié.

1. On dit souvent que les médias encouragent les gens à perdre _____
   (du poids / du statut social).

2. À cause du prix, _____ (la haute couture / le prêt-à-porter) est souvent
   inaccessible aux gens de la classe moyenne.

3. Pour attirer l'attention, il faut parfois _____ (juger / dépenser) de l'argent
   sur sa toilette.

4. Dans notre société, il y a la pression *(pressure)* d'avoir un certain _____
   (physique / bouc).

5. Quand vous allez à un entretien, il faut porter un costume-cravate ou _____
   (un foulard / un tailleur).

6. Dans les magazines aujourd'hui, on voit que porter _____ (une barbe de
   trois jours / un voile) est très à la mode pour les hommes.

7. Si nous nous comparons aux images dans les magazines, nous avons tendance à nous
   _____ (juger / attirer).

🔊 **D** **Soignée ou négligée?** Écoutez chaque description et décidez si l'action est associée avec une
6-2   apparence plutôt soignée ou négligée.

	soignée	négligée
1.	☐	☐
2.	☐	☐
3.	☐	☐
4.	☐	☐
5.	☐	☐
6.	☐	☐
7.	☐	☐

E **Un entretien** Claudia demande des conseils avant un entretien pour un nouveau travail. Lisez le
paragraphe et complétez le passage avec le mot du vocabulaire approprié de la liste donnée. Faites tous
les changements nécessaires.

attirer	osée
conservatrice	sensible
faire un effort	tailleur
dépenser	tenues
faire négligée	trompeuse

Pendant un entretien, les employeurs sont très (1) _____ aux

(2) _____ des candidats. L'apparence est un moyen de/d'

(3) _____ l'attention de la personne qui fait passer l'entretien, même si une

apparence peut être (4) _____ quelquefois. Alors, il faut

(5) _____ quand vous vous préparez. Il vaut mieux avoir une apparence plutôt

(6) _____ et pas trop (7) _____. Je vous conseille

de (8) _____ un peu d'argent pour un nouveau

(9) _____ pour ne pas (10) _____. Comme ça,

vous allez sans doute faire une bonne première impression!

F **Vos habits** Comment est-ce que vous vous habillez normalement? Quelles sont vos priorités? Avez-
vous une apparence propre et soignée ou portez-vous plutôt des vêtements confortables? Est-ce que
vous dépensez beaucoup d'argent dans la haute couture ou préférez-vous le prêt-à-porter? Écrivez une
description de vos habitudes vestimentaires en utilisant le vocabulaire de cette partie.

_____

_____

_____

_____

_____

_____

_____

GRAMMAIRE 1

Le comparatif et le superlatif

Ⓐ L'antonyme Trouvez l'antonyme de chaque mot.

_____ **1.** plus mal   _____ **4.** moins mal   a. bien   d. moins

_____ **2.** meilleur   _____ **5.** plus   b. moins bien   e. aussi mal

_____ **3.** aussi bien   _____ **6.** mal   c. mieux   f. pire

Ⓑ Les records Complétez chaque phrase avec l'expression appropriée.

1. _____ (Le plus grand / La plus grande) ville du monde est Tokyo.

2. _____ (Le plus grand / La plus grande) pays du monde est la Russie.

3. _____ (Le plus grand / La plus grande) continent du monde est l'Asie.

4. Le pays _____ (le plus riche / la plus riche) du monde est le Qatar.

5. La langue _____ (le plus parlé / la plus parlée) du monde est le chinois.

6. L'animal _____ (le plus rapide / la plus rapide) du monde est le guépard *(cheetah)*.

7. _____ (Le plus haut / La plus haute) montagne du monde est le Mont Everest.

8. _____ (Le plus grand / La plus grande) mammifère du monde est la baleine bleue *(blue whale)*.

🔊 Ⓒ Le prix des vêtements Clara fait du shopping. Elle a 50 euros à dépenser. Pour chaque vêtement
6-3   qu'elle mentionne, décidez s'il coûte **plus, moins** ou **autant** que 50 euros.

	moins	plus	autant
1.	☐	☐	☐
2.	☐	☐	☐
3.	☐	☐	☐
4.	☐	☐	☐
5.	☐	☐	☐
6.	☐	☐	☐

Ⓓ Les opinions sur la mode Caroline donne ses opinions sur la mode. Pour chaque phrase,
choisissez le comparatif approprié.

1. Une robe de soirée coûte _____ (**aussi / autant**) d'argent qu'un smoking.

2. Une barbe de trois jours est _____ (**plus / plus de**) à la mode qu'une moustache.

3. Un jogging est une _____ (**meilleure / mieux**) tenue pour faire du sport qu'un tailleur.

4. D'habitude, le prêt-à-porter coûte _____ (**moins / moins de**) que les vêtements de haute
couture.

5. Les étudiantes aiment les leggings _____ (**aussi / autant**) que les sweats à capuche.

6. Une mini-jupe *(mini-skirt)* est _____ (**moins / moins de**) conservatrice qu'un tailleur.

7. Pour faire un effort avec son apparence, il faut souvent dépenser _____ (**plus / plus d'**) argent.

Nom _____ Date _____

🔊 **E** **Leur propre style** Marc et Julien décrivent leur propre style. Écoutez chaque description, puis
6-4 décidez si chaque phrase est vraie ou fausse. Marc commence la conversation.

	vrai	faux
1. Marc s'habille moins professionnellement que Julien.	☐	☐
2. Julien dépense autant d'argent que Marc pour ses habits.	☐	☐
3. La plus grande priorité de Marc est d'avoir un look soigné.	☐	☐
4. Julien s'habille aussi bien que Marc.	☐	☐
5. Julien porte un sweat à capuche plus souvent qu'un costume-cravate.	☐	☐
6. Julien préfère un look plus osé pour sortir avec ses amis.	☐	☐

F **Les comparaisons** Formez des phrases complètes. Faites attention aux accords *(agreement)*!

Modèle: une barbe de trois jours / être /-/ soigné / que (qu') / un bouc –>
Une barbe de trois jours est moins soignée qu'un bouc.

1. Une barbe / être / + / long / que (qu') / une moustache

_____

2. La haute couture / coûter / + / argent / que (qu') / le prêt-à-porter

_____

3. Un tailleur / être / - / confortable / que (qu') / un jogging

_____

4. Un homme d'affaires *(businessman)* / s'habiller / + / professionnellement / que (qu') / un étudiant

_____

5. Les hommes / avoir / souvent / - / vêtements / que (qu') / les femmes

_____

G **Mon propre look** Comment vous habillez-vous? Est-ce que vous êtes comme Marc qui préfère un
look soigné et conservateur ou plutôt comme Julien qui pense qu'être confortable est la chose la plus
importante? Écrivez un petit paragraphe qui décrit votre propre look et vos priorités.

_____

_____

_____

_____

_____

PARTIE 2

VOCABULAIRE 2

A **Le code vestimentaire** Quel vêtement ou accessoire est-ce que vous associez avec les métiers suivants?

un bandana	un gilet	une mallette	un uniforme
un jogging	un manteau	une mini-jupe	des vêtements de marque

1. un cow-boy: _____

2. une bibliothécaire *(librarian)*: _____

3. un inspecteur: _____

4. un agent de police: _____

5. un avocat: _____

6. un acteur: _____

7. un professeur de sport: _____

8. un mannequin *(model)*: _____

B **Les professions** Faites correspondre chaque description que vous entendez avec la profession qui convient.

6-5

1. _____   a. un(e) avocat(e)

2. _____   b. un(e) cadre

3. _____   c. un coiffeur / une coiffeuse

4. _____   d. un(e) informaticien(ne)

5. _____   e. un militaire

6. _____   f. un plombier / une femme plombier

7. _____   g. un(e) secrétaire

8. _____   h. un serveur / une serveuse

C **Les habitudes vestimentaires** Michel décrit ses habitudes vestimentaires. Pour chaque phrase remplissez le blanc avec le mot du lexique qui convient le mieux.

un chapeau	un jogging	un sweat	un pull à col roulé	des vêtements de marque
un code vestimentaire	un smoking	un pull	l'uniforme	

1. Quand je fais du sport, je porte souvent (a) _____ et (b) _____.

2. Quand je vais à la plage, je porte _____ pour protéger mon visage *(face)*.

3. Quand je vais à mon travail de serveur, je dois suivre (a) _____ et porter

   (b) _____ du restaurant.

4. Quand je vais à une soirée chic ou au mariage d'un ami, je porte _____.

5. Quand il fait froid, d'habitude je porte (a) _____ ou (b) _____.

6. Quand je veux me faire remarquer, je porte _____.

D Les conseils de mode Christophe est un styliste qui a quelquefois de mauvaises idées. Écoutez sa philosophie de la mode et décidez si chaque phrase décrit une bonne ou une mauvaise idée.

	bonne idée	mauvaise idée
1.	☐	☐
2.	☐	☐
3.	☐	☐
4.	☐	☐
5.	☐	☐
6.	☐	☐
7.	☐	☐
8.	☐	☐

E Mon style personnel Clara écrit un mail à sa meilleure amie pour lui décrire son style. Remplissez chaque blanc avec le mot du vocabulaire qui convient.

des boucles d'oreille	s'harmonisent	vendeuse
un code vestimentaire	une mini-jupe	des vêtements de marque
un collier	un polo	
faire mal aux yeux	un uniforme	

Salut, Marie! J'ai un nouveau travail comme (1) _____ dans un magasin de

vêtements. Ils ont (2) _____ qui est assez strict! Nous ne sommes pas

obligés de porter (3) _____, mais ils préfèrent qu'on porte

(4) _____ pour se faire remarquer par les clients. Il faut que mes vêtements

(5) _____ et ils ne doivent pas (6) _____.

D'habitude, je porte (7) _____ et (8) _____

basique. Je porte aussi des accessoires comme (9) _____ en argent *(silver)* ou

(10) _____. Ce ne sont pas les vêtements les plus confortables, mais je les aime

bien! Qu'est-ce que tu portes d'habitude à ton travail?

Gros bisous.

Clara

F Votre style Qu'est-ce que vous portez d'habitude? Est-ce que vous faites un effort dans le choix de vos vêtements pour vous faire remarquer? Est-ce que vous avez un code vestimentaire au travail? Écrivez une petite description de ce que vous portez d'habitude.

_____

_____

_____

_____

_____

GRAMMAIRE 2

Les pronoms relatifs

Ⓐ Quel objet? Lisez chaque phrase et choisissez l'objet qui est décrit. Faites attention aux accords!

1. Claire porte _____ qu'on a vu dimanche. a. le pull b. la tunique

2. J'ai choisi _____ que ma mère m'a conseillée. a. la montre b. le foulard

3. Ce sont _____ que notre patron (boss) a choisis. a. les boucles d'oreilles b. les uniformes

4. Marie achète _____ qu'elle a essayée hier. a. la chemise b. le manteau

5. Le cadre apporte _____ qu'il a achetée. a. le polo b. la mallette

6. Marc porte _____ que sa femme lui a donné. a. la veste b. le manteau

7. Élodie a _____ que j'ai achetée. a. la mini-jupe b. le gilet

8. J'ai acheté _____ que j'ai vus dans le magazine. a. les vêtements de marque b. le foulard

Ⓑ La France Pour chaque phrase, remplissez le blanc avec le pronom relatif qui convient.

1. La France est un pays _____ on parle français.
   a. qui b. que c. dont d. où

2. Louis Vuitton est une marque _____ coûte beaucoup d'argent.
   a. qui b. que c. dont d. où

3. Une baguette est un pain _____ les Français mangent souvent.
   a. qui b. que c. dont d. où

4. La Tour Eiffel est un monument _____ on entend souvent parler.
   a. qui b. que c. dont d. où

5. Marion Cotillard est une actrice française _____ joue dans beaucoup de films.
   a. qui b. que c. dont d. où

6. Paris est une ville _____ il y a beaucoup de touristes.
   a. qui b. que c. dont d. où

7. La Joconde (Mona Lisa) est un tableau _____ est très célèbre.
   a. qui b. que c. dont d. où

8. La France est un pays _____ le président est élu pour cinq ans.
   a. qui b. que c. dont d. où

Ⓒ Le bon mot Pour chaque phrase, choisissez le pronom relatif qui convient et écrivez-le dans le blanc.

1. C'est le pull _____ je te parlais. (ce dont / dont)

2. Voici l'ami _____ je suis allée au lycée. (que / avec qui)

3. Je ne sais pas _____ tu veux acheter. (que / ce que)

4. C'est le magasin _____ j'achète mes habits. (où / dont)

5. Marie est la copine _____ je parle souvent. (qui / à qui)

6. Voici les habits _____ ma sœur a envie. (que / dont)

7. C'est _____ j'ai besoin. (dont / ce dont)

8. Ma mère porte les boucles d'oreille _____ j'ai achetées. (que / qui)

CHAPITRE 6 Partie 2 • Grammaire 2 **79**

🔊 **D Les fins logiques** Vous entendez des débuts de phrases. Choisissez la bonne conclusion selon ce
6-7   que vous entendez.

1. a. … que j'ai vu à H&M.   b. … que j'ai achetée chez H&M.

2. a. … que Michelle a acheté.   b. … qu'elle a trouvée trop petite.

3. a. … qui étaient soldées *(on sale).*   b. … que Maria a trouvé.

4. a. … dont Maria avait besoin.   b. … que Maria a achetée.

5. a. … que Marlène a choisi.   b. … que Marlène a portée.

🔊 **E C'est quel vêtement ou accessoire?** Vous allez entendre le mot pour un habit spécifique.
6-8   D'après le mot que vous entendez, décidez s'il devrait y avoir un accord au passé composé ou non.
       S'il n'y a pas d'accord nécessaire, mettez un «x».

Modèle: Vous entendez: la mini-jupe
        Vous écrivez: Daniela l'a porté**e** en été.

1. Thomas l'a apporté_____ au travail?

2. Brigitte l'a porté_____ pour savoir l'heure.

3. Jean l'a porté_____ pour suivre un code vestimentaire.

4. Alberto l'a porté_____ en hiver.

5. Nathalie l'a porté_____ pour protéger son visage du soleil.

6. Marie l'a porté_____ sous la pluie.

7. Luc les a porté_____ pour faire du sport.

8. Gisèle l'a porté_____ à un événement chic.

F Les préférences Remplissez les blancs avec le pronom qui convient. Vous pouvez utiliser un
pronom plusieurs fois si nécessaire: **dont / où / que / ce que / qui / ce qui / avec qui.**

Je suis très difficile en (1) _____ concerne mes préférences. Pour les vêtements,
les marques *(brands)* (2) _____ je préfère sont H&M et Zara. Ce sont des
magasins (3) _____ ne sont pas trop chers mais ils sont toujours à la mode.
Zara est le magasin (4) _____ j'achète la majorité de mes habits. Mais, H&M est
le magasin (5) _____ les vêtements sont moins chers. Ma meilleure amie Clara
adore ces magasins aussi. C'est l'amie (6) _____ j'adore faire du shopping. En
fait, on va faire les magasins *(shops)* aujourd'hui. Elle veut acheter (7) _____ j'ai
acheté la semaine dernière. J'ai trouvé une chemise (8) _____ elle est super jalouse!

G Vos préférences Écrivez des phrases en utilisant des pronoms relatifs et donnez votre opinion sur
les questions suivantes.

Modèle: un magasin qui est à la mode aujourd'hui   **H&M est un magasin qui est à la mode aujourd'hui.**

1. un magasin que vous trouvez à la mode _____

2. les vêtements dont vous avez toujours besoin _____

3. un restaurant où vous allez souvent _____

4. une série TV qui a de bons acteurs _____

5. une ville que vous voulez visiter _____

6. un cours qui est difficile pour vous _____

PARTIE 3

GRAMMAIRE 3

Le *plus-que-parfait* et le choix des temps au passé

A **Les activités d'enfance** Marc décrit les activités de son enfance avec sa famille et ses amis. Complétez chaque phrase avec le sujet qui convient.

1. … avions porté l'uniforme de l'école.   a. Je   b. Nous   c. Ma famille

2. … avais voulu devenir agent de police.   a. Je/J'   b. Mes amis   c. Ma sœur

3. … était allée à la plage une fois.   a. Tu   b. Je   c. Ma famille

4. … n'avait jamais porté de costume-cravate.   a. Mon frère   b. Mes amis   c. Je

5. … avaient joué dans mon équipe de baseball.   a. Tu   b. Mes amis   c. Ma sœur

6. … étaient allés à l'air de jeu *(playground)* tous les jours.   a. Je   b. Mes amis   c. Mark

7. … avais porté une casquette tous les jours.   a. Je/J'   b. Mes amis   c. Mon frère

8. … avait joué dans un club de sport.   a. Tu   b. Ma sœur   c. Je

B **Le passé lointain?** Xavier décrit des choses qu'il a faites dans le passé. D'après ces phrases, décidez quel événement a eu lieu en premier.

6-9

1. a. aller chez moi   b. faire le dîner

2. a. commencer à pleuvoir   b. partir

3. a. passer un an dans l'école   b. déménager

4. a. dîner   b. rentrer

5. a. s'endormir   b. téléphoner

C **Le style d'autrefois** Jeannette décrit la mode d'autrefois. Pour chaque phrase, mettez le verbe au plus-que-parfait.

1. Les femmes _____ (porter) un tailleur au travail.

2. Les hommes _____ (ne pas avoir) le droit de porter une barbe de trois jours.

3. Vous _____ (dépenser) beaucoup d'argent dans la haute couture.

4. Tu _____ (aller) au centre commercial souvent.

5. Mon père _____ (faire) un gros effort sur son apparence.

6. Les jeunes _____ (choisir) des vêtements plus osés.

7. Les parents _____ (juger) les choix de mode de leurs enfants.

8. Je/J' _____ (porter) l'uniforme de l'école.

9. Ma sœur et moi, nous _____ (s'habiller) avec des vêtements confortables mais chics.

10. Luc _____ (arriver) au travail mal habillé!

D **Trop tard** Claire s'est réveillée trop tard. Complétez chaque phrase en utilisant la structure idiomatique **si + plus-que-parfait** pour exprimer comment sa matinée aurait pu se passer différemment.

1. Si seulement mon réveil (*alarm clock*) _____ (sonner)!

2. Si seulement je/j' _____ (se coucher) plus tôt!

3. Si seulement mon colocataire me/m' _____ (réveiller)!

4. Si seulement nous _____ (ne pas avoir) un cours à 8h00!

5. Si seulement mes amis _____ (me téléphoner)!

6. Si seulement je/j' _____ (mettre) mon réveil!

E **La séquence** Patrick raconte sa journée à un ami. Pour chaque phrase, décidez si l'événement décrit était le premier ou le deuxième dans la séquence.

6-10

	premier événement	deuxième événement
1. finir le travail	☐	☐
2. pleuvoir	☐	☐
3. vouloir sortir	☐	☐
4. aller à l'école	☐	☐
5. aller à une fête	☐	☐
6. sortir	☐	☐

F **Le passé** Jean-Luc décrit des événements passés. Pour chaque phrase, conjuguez le verbe entre parenthèses au temps qui convient: **plus-que-parfait, imparfait** ou **passé composé**.

1. Il _____ (faire) beau quand nous _____ (aller) en France il y a trois ans.

2. Quand elle _____ (être) petite, elle _____ (avoir) un problème de poids.

3. Mon camarade de chambre _____ (dormir) quand je _____ (rentrer) hier soir.

4. À l'époque, nos vêtements _____ (faire) mal aux yeux, mais aujourd'hui je/j' _____ (changer) mon style personnel.

5. À l'âge de 10 ans, je/j' _____ (vouloir) une petite voiture, mais je/j' _____ (recevoir) un autre jouet du Père Noël.

6. Le week-end dernier, je/j' _____ (étudier) beaucoup, mais je/j' _____ (rater) l'examen quand même.

G **Les événements précédents** Pour chaque activité, écrivez une chose que vous aviez déjà faite avant de faire cette activité.

Modèle: obtenir mon permis de conduire →
   J'avais déjà fêté mon 18ᵉᵐᵉ anniversaire quand j'ai obtenu mon permis de conduire.

1. choisir mon université _____

2. rencontrer ma camarade de chambre _____

3. arriver en cours ce matin _____

4. quitter la maison _____

🔊 Encore des sons et des mots

Les voyelles ouvertes et fermées

In French, the **o** vowel sound can be written different ways (**o / au / eau**). It is important to learn the two different sounds that are associated with **o**.

The first sound is called an open **o**. This sound is often found in a syllable that ends with a pronounced consonant. This sound is more frequent in French.

sport	prof	adore	porter

The second sound is called a closed **o**. This sound is usually, but not always, the last sound of the syllable. It can be spelled **o, ô, au,** or **eau.**

hôtel	bateau	polo	faute	mauvais	mot	vélo

However, when **o** is followed by the pronounced consonant **s,** which creates a **z** sound, it is pronounced as a closed **o**.

rose	chose	propose	philosophie	dépose

Pratique A

6-11 Écoutez et répétez les mots suivants.

Les voyelles ouvertes

1. un poste
2. une école
3. une porte
4. harmoniser
5. un jogging
6. un code

Les voyelles fermées

7. un chapeau
8. un manteau
9. un smoking
10. mauvais
11. tôt
12. trop

Pratique B

6-12 Soulignez les **o** ouverts et encerclez les **o** fermés dans les phrases suivantes. Puis, écoutez les phrases pour vérifier vos réponses et répétez les phrases.

1. J'adore porter mon chapeau orange.
2. Il a un doctorat de philosophie.
3. Ce manteau fait mal aux yeux.
4. Mon prof m'a dit que mes notes sont mauvaises.
5. Tu as un gros pull-over confortable.
6. Mon ordinateur est sur le bureau.
7. Il m'a donné un nouveau collier.
8. Mes vêtements s'harmonisent avec ma montre en or.

Pratique C

6-13 Écoutez ces phrases du film *Encore*. Soulignez les **o** ouverts et encerclez les **o** fermés. Puis, écoutez les phrases pour vérifier vos réponses et répétez les phrases.

1. Détective: Je suis à votre disposition.

2. Client: Bonjour, j'ai demandé une suite ce matin et votre collègue m'a dit de vérifier s'il y en avait une de disponible cet après-midi.

3. Client: J'étais en réunion... Alors, vous comprenez. Je... Est-ce qu'il y a une suite disponible maintenant?

4. Superviseur: On est dans un hôtel ici. Avec des clients à servir.

5. Claire: Je suis désolée, Monsieur Lévesque.

Pratique D

6-14 **Étape 1.** Écrivez les mots que vous entendez (**espace** = *space*).

1. _____

2. _____

3. _____

4. _____

5. _____

6. _____

Étape 2. Utilisez les mots de l'Étape 1 pour écrire une phrase qui décrit ce qui se passe dans les images.

_____

_____

6-15 **Étape 3.** Écoutez et répétez la phrase de l'Étape 2, en faisant attention aux sons **o**.

Les **défis**

PARTIE **1**

VOCABULAIRE **1**

A **Les définitions** Faites correspondre chaque mot avec la définition qui convient.

_____ 1. la canicule

_____ 2. le chômage

_____ 3. l'absence de domicile

_____ 4. une communauté

_____ 5. la faim

_____ 6. une mentalité

_____ 7. la sécheresse

a. une période sans pluie *(rain)*

b. la sensation d'avoir besoin de manger

c. une période avec des températures très élevées *(high)*

d. un groupe de gens qui s'organisent dans une région

e. le fait de ne pas avoir de travail

f. un point de vue

g. le fait de ne pas avoir de logement *(housing)*

B **Le bon mot** Pour chaque description que vous entendez, choisissez le mot approprié.

7-1

1. a. un conflit   b. une communauté

2. a. la fracture sociale   b. le comportement

3. a. la guerre   b. le surpeuplement

4. a. la guerre   b. l'acceptation

5. a. la pauvreté   b. la paix

6. a. la canicule   b. une vague de froid

C **Les événements mondiaux** Complétez chaque phrase avec le mot de vocabulaire qui convient.

le comportement	la mondialisation culturelle	la pauvreté
défavorisent	l'ouragan	un tremblement de terre
l'inondation	la paix	

1. Tout le monde souhaite _____, une période où il n'y a pas de guerre.

2. La Nouvelle-Orléans a dû faire face à beaucoup de dégats *(damages)* après _____ Katrina.

3. _____ est un désastre naturel qui a souvent lieu en Californie et qui détruit des bâtiments.

4. Les pays où les citoyens n'ont pas assez d'argent doivent affronter _____.

5. L'éducation peut entraîner des changements dans _____ des individus.

6. La mixité sociale où les cultures partagent leur héritage et leurs traditions est un résultat de _____.

7. Il existe des problèmes sociaux qui _____ certaines populations et causent des problèmes dans leur vie.

8. Après _____ en Inde, il y a eu beaucoup de dégâts des eaux *(water damage)*.

D **Les problèmes et les solutions** Pour chaque problème, trouvez une solution possible qui correspond.

_____ 1. Il y a un pourcentage élevé de chômage dans notre état (state).

_____ 2. Beaucoup de familles font face à la faim dans leur vie quotidienne.

_____ 3. L'absence de domicile est un grand problème quand l'hiver approche.

_____ 4. Notre région est souvent menacée par des ouragans.

_____ 5. Il y a une grosse fracture sociale dans une communauté.

_____ 6. Nous vivons dans une période de sécheresse.

a. Il faut conserver l'eau et apprendre à s'adapter.

b. Il faut encourager les entreprises (businesses) à s'installer dans la région.

c. Il faut construire des barricades et préparer un plan d'évacuation.

d. Il faut ouvrir des banques alimentaires pour donner de quoi manger aux gens.

e. Il faut améliorer notre acceptation des autres cultures.

f. Il faut adapter nos allocations logements (housing assistance).

E **L'environnement** Coralie est bénévole dans une association qui lutte pour protéger l'environnement. Écoutez son discours sur les buts (goals) de l'association, puis décidez si chaque phrase est vraie ou fausse.

7-2

1. L'association pense que le réchauffement climatique (global warming) entraîne beaucoup de problèmes environnementaux.   vrai / faux

2. La Californie vit (is experiencing) une période de froid en ce moment.   vrai / faux

3. Selon Coralie, il est difficile de changer la mentalité des gens.   vrai / faux

4. L'association lutte (fights) pour les gens qui sont touchés par le chômage.   vrai / faux

5. L'association espère apporter peu de changements dans la vie des gens.   vrai / faux

F **Les actions** Pour chaque phrase, choisissez le verbe qui convient et conjuguez-le au présent.

1. Après un désastre, les gens _____ à un nouveau mode de vie *(lifestyle)*. (s'adapter / défavoriser)

2. Certaines classes sociales _____ les membres d'autres classes sociales. (s'enrichir / défavoriser)

3. Le comportement de certains groupes _____ le statu quo et encourage des changements sociaux. (défier / s'adapter)

4. Les écologistes _____ des changements dans la protection de l'environnement. (entraîner / poser)

5. Les désastres naturels _____ la vie de beaucoup de citoyens. (toucher / surmonter)

6. On _____ quand on s'immerge dans la mixité sociale. (entraîner / s'enrichir)

7. Souvent, les pays du Tiers Monde *(Third World)* _____ à la pauvreté et à la faim. (faire face / entraîner)

8. À cause de la crise financière, beaucoup de pays _____ des problèmes de chômage. (affronter / défavoriser)

G **Mes intérêts** Est-ce qu'il y a des défis qui touchent spécifiquement votre communauté ou votre pays? Est-ce qu'il y a un problème social qui vous motive ou qui vous pose particulièrement un problème? Écrivez un paragraphe qui explique quels problèmes mondiaux vous touchent et pourquoi ils sont importants d'après vous. Quelles suggestions avez-vous pour les résoudre *(resolve)*?

_____

_____

_____

_____

_____

_____

_____

_____

_____

GRAMMAIRE 1

Le subjonctif: les verbes réguliers; exprimer les désirs, les obligations et les émotions

A **La protection de la planète** Un groupe politique parle de ses espoirs et de ses recommandations pour protéger la planète. Pour chaque phrase, décidez si le conseil utilise **le subjonctif** ou **l'indicatif** (**le présent**).

	subjonctif	indicatif
1. Il est important que vous n'utilisiez pas trop d'eau.	☐	☐
2. Il faut que vous éteigniez *(turn off)* la lumière quand vous quittez une pièce *(room)*.	☐	☐
3. J'espère que nous allons lutter contre le chômage et la faim.	☐	☐
4. Il faut que nous essayions de surmonter les défis environnementaux.	☐	☐
5. Il est essentiel que nous évitions les guerres.	☐	☐

B **Les recommandations** Un groupe d'activistes a publié son programme politique. Complétez chaque conseil avec la forme appropriée du verbe.

1. Il est important que nous _____ les problèmes liés à l'absence de domicile.
   a. surmontons   b. surmontions

2. Il est essentiel que la société _____ plus ouverte aux autres.
   a. devient   b. devienne

3. Nous désirons que vous _____ contre la faim et la pauvreté.
   a. luttiez   b. luttez

4. Il faut que le gouvernement _____ les dépenses.
   a. réduise   b. réduit

5. Il vaut mieux que nous _____ soin de l'environnement.
   a. prenons   b. prenions

C **Les bonnes pratiques** Pour chaque phrase, conjuguez le verbe entre parenthèses au subjonctif, puis décidez s'il s'agit d'une bonne ou d'une mauvaise pratique.

	bonne	mauvaise
1. Il faut que nous _____ (prendre) le temps de nous détendre.	☐	☐
2. Il est nécessaire que la société _____ (devenir) plus défavorisante envers les autres.	☐	☐
3. Il vaut mieux que les gouvernements _____ (essayer) d'encourager la paix.	☐	☐
4. Il est important que nous _____ (réduire) le chômage.	☐	☐
5. Il faut que nous _____ (jeter) beaucoup de choses à la poubelle *(trash)*.	☐	☐
6. Il est important que la société _____ (encourager) l'acceptation des autres.	☐	☐

🔊 **D** **Ce que les gens veulent** Vous allez entendre des questions à propos de ce que les gens veulent.
7-3   Répondez aux questions avec la phrase appropriée.

Modèle: Vous entendez: Les politiciens veulent que nous payions ou oublions nos impôts *(taxes)*?
Vous voyez: Les politiciens veulent que…
Vous écrivez: **Les politiciens veulent que nous payions nos impôts.**

1. Les écologistes veulent que _____

2. Les travailleurs préfèrent que _____

3. Les activistes veulent que _____

4. Pour les écologistes, il faut que _____

5. Quand il y a un désastre, il faut que _____

6. Quand il y a de la sécheresse, il vaut mieux qu'on _____

E **Un bon ami** Voilà des conseils sur comment être un bon ami. Pour chaque suggestion, remplissez le
blanc avec la forme au subjonctif du verbe qui convient.

1. Il faut que tu _____ souvent tes amis. (appeler / payer)

2. Il est nécessaire que tu les _____ de temps en temps. (venir / voir)

3. Il vaut mieux que tu ne _____ pas trop de temps sur ton téléphone portable. (passer / boire)

4. Il est recommandé que tu leur _____ des cadeaux d'anniversaire. (acheter / devoir)

5. Tes amis veulent que tu _____ leurs problèmes. (comprendre / payer)

6. Tes amis souhaitent que tu _____ un verre avec eux. (croire / boire)

🔊 **F** **Une dictée** Vous allez entendre des phrases qui disent ce que la société devrait faire pour résoudre
7-4   des problèmes mondiaux. La première fois, écoutez la phrase sans écrire. La deuxième fois, écoutez
la phrase et écrivez ce que vous entendez. Vous pouvez répéter ou mettre sur pause l'enregistrement
autant de fois que vous voulez.

1. _____

2. _____

3. _____

4. _____

5. _____

6. _____

G **Conseiller du monde** Donnez des conseils pour résoudre *(resolve)* les problèmes que vous voyez dans notre société en utilisant **le subjonctif.**

_____

_____

_____

_____

_____

_____

_____

_____

_____

_____

PARTIE 2

VOCABULAIRE 2

Ⓐ Les définitions Faites correspondre chaque mot avec la définition qui convient.

_____ 1. l'intimidation

_____ 2. un remède

_____ 3. un conseil

_____ 4. le stress

_____ 5. la retraite

_____ 6. les seniors

_____ 7. une difficulté

_____ 8. la dette

a. Quand une autre personne vous menace *(threatens)* ou vous rend mal à l'aise

b. Une somme d'argent que vous devez payer ou rembourser à quelqu'un d'autre

c. Une suggestion pour résoudre un problème que vous avez dans la vie

d. Les gens âgés qui sont souvent déjà à la retraite

e. Un problème que vous devez affronter

f. La période de la vie où les gens ne travaillent plus

g. Un moyen efficace pour soigner *(treat)* un problème ou une maladie

h. Quand vous avez trop de choses à faire et trop de pression *(pressure)* dans la vie

Ⓑ Les remèdes À chaque problème, trouvez un remède possible.

_____ 1. Beaucoup d'étudiants souffrent d'anxiété et de dépression.

_____ 2. J'ai beaucoup de dettes d'étudiant.

_____ 3. Les élèves affrontent beaucoup de harcèlement scolaire.

_____ 4. Marc a des problèmes avec sa copine.

_____ 5. Je ne suis pas en bonne santé.

_____ 6. Claire a beaucoup de stress dans sa vie.

a. Il faut discuter des problèmes avec un conseiller.

b. Il faut se relaxer et peut-être faire du yoga.

c. Il faut bien manger et faire du sport.

d. Il faut commencer à rembourser les prêts *(loans)*.

e. Il faut parler au proviseur *(principal)*.

f. Il faut lire un livre d'auto-assistance sur les problèmes relationnels.

Ⓒ La retraite Jean-Marc parle avec son amie Claudia à propos de la retraite. Écoutez leur conversation puis décidez si les phrases sont vraies ou fausses.

7-5

	vrai	faux
1. Jean-Marc a peur pour sa retraite.	☐	☐
2. Jean-Marc n'a pas de prêts étudiants *(student loans)*.	☐	☐
3. Claudia a des difficultés à épargner de l'argent.	☐	☐
4. Ils pensent que voir un conseiller est une mauvaise idée.	☐	☐
5. Un conseiller peut vous aider à gérer vos finances.	☐	☐
6. Jean-Marc pense que les livres d'auto-assistance sont nuls.	☐	☐

🔊 **D** **Le problème ou la solution?** Écoutez chaque phrase et décidez s'il s'agit d'un problème ou d'une
7-6 solution.

	problème	solution
1.	☐	☐
2.	☐	☐
3.	☐	☐
4.	☐	☐
5.	☐	☐
6.	☐	☐
7.	☐	☐
8.	☐	☐

E **La vie universitaire** La vie universitaire peut être difficile. Pour chaque phrase, remplissez le blanc
avec le mot qui convient.

un conseiller	des préoccupations	une solution
dépression	des problèmes relationnels	du stress

1. L'ajustement aux nouveaux cours plus difficiles peut provoquer _____ dans
la vie.

2. Les gens qui souffrent de _____ ont des difficultés à se motiver.

3. À cause du prix de l'université, beaucoup d'étudiants ont _____ en ce qui
concerne les dettes.

4. _____ pour gérer le stress de la vie universitaire, c'est de se concentrer sur
sa santé et de dormir assez.

5. Quand on vit avec beaucoup d'amis, il y a quelquefois _____.

6. Si vous vous inquiétez beaucoup, parler à _____ peut être un outil efficace.

F **Votre génération** À votre avis, quels sont les problèmes et les maladies que votre génération doit
affronter le plus? Écrivez quelques phrases pour expliquer votre opinion et donnez une solution
possible, si vous pouvez.

_____

_____

_____

_____

_____

GRAMMAIRE 2

Le subjonctif: les verbes irréguliers; exprimer les opinions, le doute et l'incertitude

A **C'est vous le conseiller** Vos amis ont des problèmes. Complétez chaque phrase avec le verbe logique.

1. Il n'arrive pas à gérer son stress. Il est normal qu'il…
   a. va voir un conseiller.   b. aille voir un conseiller.

2. Elle ne dort pas bien. Il est possible qu'elle…
   a. ait beaucoup d'anxiété.   b. a beaucoup d'anxiété.

3. Il rembourse ses prêts étudiants. Il est vrai qu'il…
   a. soit responsable.   b. est responsable.

4. Elle a une mauvaise note en chimie. Il est bizarre qu'elle…
   a. veut devenir chimiste.   b. veuille devenir chimiste.

5. Il n'a jamais étudié l'espagnol. Il est étonnant qu'il…
   a. sache parler espagnol couramment (*fluently*).   b. sait parler espagnol couramment.

6. Elle est bonne musicienne. Il est évident qu'elle…
   a. suit des cours de piano.   b. suive des cours de piano.

7. C'est un garçon aimable. Il est surprenant qu'il…
   a. a des problèmes de harcèlement scolaire.   b. ait des problèmes de harcèlement scolaire.

8. Elle veut être athlète professionnelle. Il est clair qu'elle…
   a. est douée (*gifted*).   b. soit douée.

B **Conseiller financier** Élizabeth parle avec un conseiller à la fac à propos de ses problèmes. Vous allez entendre des morceaux de phrases. Sélectionnez le meilleur début pour chaque phrase.

7-7

1. a. Il est normal que   b. Il est merveilleux que

2. a. Il est stupide que   b. Il est essentiel que

3. a. Il est inutile que   b. Il est indispensable que

4. a. Il est bizarre que   b. Il est bon que

5. a. Il est indispensable que   b. Il est triste que

6. a. Il est inutile que   b. Il est utile que

C **Pour être heureux à l'université** Choisissez la bonne expression pour compléter chaque phrase.

1. _____ bien gérer ses finances.   a. Il est essentiel de/d'   b. Il est essentiel qu'on

2. _____ fasse attention à sa santé.   a. Il est indispensable de/d' b. Il est indispensable qu'on

3. _____ réduise son stress.   a. Il est normal de/d'   b. Il est normal qu'on

4. _____ épargner de l'argent.   a. Il est utile de/d'   b. Il est utile qu'on

5. _____ écouter les conseils de ses amis. a. Il est bon de/d'   b. Il est bon qu'on

6. _____ ait une bonne estime de soi.   a. Il vaut mieux de/d'   b. Il vaut mieux qu'on

🔊 **D** **Les opinions** Écoutez les opinions des conseillers sur les habitudes des étudiants. Décidez si chaque
7-8 opinion est **positive** ou **négative**.

	positive	négative
1.	☐	☐
2.	☐	☐
3.	☐	☐
4.	☐	☐
5.	☐	☐
6.	☐	☐

E **La vie universitaire** Marc parle de sa vie à l'université. Sélectionnez l'expression qui commence
chaque phrase.

1. … puisse sortir souvent le week-end.
a. Il semble qu'on   b. Il est clair qu'on

2. … ait beaucoup de devoirs.
a. Je pense qu'on   b. Je ne pense pas qu'on

3. … doit étudier beaucoup.
a. Il est sûr qu'on   b. Il est douteux qu'on

4. … il y a des événements intéressants au campus.
a. Je sais qu'   b. Je doute qu'

5. … il y ait des problèmes de crime autour du campus.
a. Je crois qu'   b. Je ne crois pas qu'

6. … boit beaucoup de café.
a. Il est vrai qu'on   b. Il est impossible qu'on

F **Une conversation** Christiane parle avec sa colocataire. Remplissez le blanc avec la forme du verbe
qui convient.

1. Je crois que la santé publique _____ (être) un sujet très important.

2. Il semble que beaucoup d'étudiants _____ (avoir) des dettes.

3. Je regrette que tu _____ (être) malade.

4. Il est douteux que je/j'_____ (aller) au Canada cet été.

5. Il est bon que tu _____ (vouloir) aider les seniors.

6. Je suis certaine que tu _____ (savoir) la solution.

G **Vos pensées** Avec les expressions suivantes, complétez chaque phrase pour décrire vos pensées personnelles. Vous pouvez utiliser les verbes du lexique si vous voulez.

géres ses finances	épargner pour la retraite
rembourser ses dettes	combattre le harcèlement scolaire
suivre une thérapie	parler de ses préoccupations
pratiquer un sport	lire des livres d'auto-assistance

1. Il est bizarre que les étudiants _____.

2. Je ne suis pas certain(e) que les gens _____.

3. Il est important que mes amis _____.

4. Il se peut que notre société _____.

5. Je doute que les étudiants _____.

6. J'espère que _____.

PARTIE **3**

GRAMMAIRE 3

Le subjonctif avec les conjonctions et le passé du subjonctif

A **Quelle conjonction?** Pour chaque phrase choisissez la conjonction qui convient.

1. Tu peux aller au cinéma _____ tu finisses tes devoirs.
   a. à condition que   b. à moins que

2. Il faut lire le livre _____ tu passes l'examen.
   a. jusqu'à ce que   b. avant que

3. Je discute avec des inconnus _____ le bus arrive.
   a. en attendant que   b. quoique

4. J'ai adopté un chien _____ il y ait des cambrioleurs *(burglars)*.
   a. de peur qu'   b. pourvu qu'

5. On va visiter le château _____ il pleuve.
   a. à moins qu'   b. afin qu'

6. On va en Floride cet été _____ on ait assez d'argent.
   a. pour qu'   b. pourvu qu'

B **Les habitudes** Écoutez les débuts de phrases et choisissez la conclusion appropriée pour la phrase.

7-9

1. a. ayez perdu vos clés.   b. aie perdu vos clés.

2. a. ait terminé ses examens.   b. ayez terminé ses examens.

3. a. soit allé voir ce film.   b. soyons allés voir ce film.

4. a. ait eu un accident.   b. ayez eu un accident.

5. a. aies perdu ton passeport.   b. ayons perdu nos passeports.

6. a. ayez réussi son examen.   b. ait réussi son examen.

7. a. soient venus.   b. soyez venus.

8. a. soient arrivées à l'heure.   b. soit arrivée à l'heure.

C **Le passé** Écoutez chaque fin de phrase pour déterminer si la phrase exprime un fait (passé composé) ou une opinion (passé du subjonctif). Puis choisissez l'expression qui convient au verbe pour commencer la phrase.

7-10

1. Je sais qu' / Je ne pense pas qu'

2. Il est évident qu' / Il est bizarre qu'

3. Je crois que / Je doute que

4. Il est vrai que / Il est impossible que

5. Je sais que / Il se peut que

6. Il est certain que / Il est peu probable que

D **Les événements du passé** Pour chaque phrase, mettez le verbe au passé du subjonctif.

1. Il se peut qu'il _____ (aller) voir un conseiller financier.

2. Il se peut qu'il _____ (perdre) le livre.

3. Il est essentiel que nous _____ (acheter) nos billets en avance.

4. Il est bizarre qu'elles _____ (parler) avec cet homme.

5. Il vaut mieux que vous _____ (faire) vos bagages avant.

6. Il est utile que tu _____ (arriver) en avance.

7. Il est possible que je _____ (partir) avant son arrivée.

8. Il est triste qu'il _____ (venir) au concert.

E **Les vacances** Lisez le paragraphe et remplissez les blancs avec les mots du lexique qui conviennent.

à condition que afin que	à moins que avant que	de peur que pourvu que	quoique

Je vais partir en Belgique cet été pendant trois mois (1) _____ je reçoive

mon visa. Il y a beaucoup de choses à faire (2) _____ je puisse partir.

(3) _____ mes parents changent d'avis, ils vont payer mon loyer pendant

mon absence, mais je dois trouver un logement en Belgique (4) _____

mon visa puisse être approuvé. (5) _____ je puisse trouver un

appartement, je vais contacter beaucoup de personnes. Je n'utilise que des sites professionnels

(6) _____ on profite de moi (*take advantage of me*).

(7) _____ ce processus soit très difficile, j'ai hâte de partir!

F **Mes buts personnels** Les chemins vers nos buts personnels sont souvent longs et difficiles.
Qu'est-ce que vous devez faire pour réaliser vos rêves? Utilisez des conjonctions, le subjonctif et le
passé du subjonctif pour décrire vos projets pour atteindre vos buts.

_____

_____

_____

_____

_____

_____

_____

🔊 Encore des sons et des mots

Les semi-voyelles

French has three **semi-voyelles** (they are sometimes also referred to as **semi-consonnes**), which are letter combinations that sound like vowels that slide from or into an accompanying vowel sound.

A semi-vowel sound occurs with **u** when it is pronounced like the vowel sound in **tu** and then glides into the following vowel.

intellectuel	suis	lui	puisse	spiritualité	nuages

A semi-vowel sound occurs with **y, i,** or **ill** when they are pronounced like the English *ee.* The sound then glides into the following vowel sound.

famille	national	potion	portail	soutien	billets

A semi-vowel sound occurs with **o** or **ou** when they are followed by the letter **i.** In this case, the vowels are pronounced like the English *w* as in **soif.** The semi-vowel glides into the following sound.

oui	soi	boîte	boire	croire	froid

7-11 **Pratique A** Écoutez et répétez ces mots, puis indiquez si chacun contient la semi-voyelle **u,** la semi-voyelle **y, i,** ou **ill,** ou la semi-voyelle **o** ou **ou.**

	u	y / i / ill	o / ou		u	y / i / ill	o / ou
1. individuel	☐	☐	☐	11. vouloir	☐	☐	☐
2. gentille	☐	☐	☐	12. financier	☐	☐	☐
3. puisse	☐	☐	☐	13. fier	☐	☐	☐
4. conseil	☐	☐	☐	14. histoire	☐	☐	☐
5. suivre	☐	☐	☐	15. pluie	☐	☐	☐
6. voir	☐	☐	☐	16. ennuyer	☐	☐	☐
7. famille	☐	☐	☐	17. couloir	☐	☐	☐
8. aujourd'hui	☐	☐	☐	18. loyer	☐	☐	☐
9. boire	☐	☐	☐	19. envoyer	☐	☐	☐
10. soutien	☐	☐	☐	20. virtuel	☐	☐	☐

7-12 Pratique B Écoutez et répétez ces phrases tirées de la section du livre **Un pas vers la lecture**. Ensuite, soulignez les semi-voyelles **u, y / i / ill** ou **o / ou**.

1. Nationalité: rwandais, québécois

2. Seul survivant de sa famille, Corneille s'est enfui à l'âge de 17 ans pour s'installer au Québec.

3. «À chaque fois que je regarde à gauche ou à droite, je voyais des gens tomber.»

7-13 Pratique C Écoutez et répétez les phrases que vous entendez. Puis, écrivez les mots qui contiennent les semi-voyelles **u, y / i /ill,** ou **o / ou**.

1. _____
2. _____
3. _____
4. _____
5. _____
6. _____

Pratique D
....

7-14 Étape 1. Écrivez les mots que vous entendez. Puis, utilisez ces mots pour former une phrase au sujet de l'image ci-dessus de ce chapitre d'*Encore*.

1. _____   6. _____
2. _____   7. _____
3. _____   8. _____
4. _____   9. _____
5. _____

7-15 Étape 2. Maintenant, écoutez et répétez la phrase de l'Étape 1, en faisant attention aux semi-voyelles.

La **confiance**

CHAPITRE 8

PARTIE 1

VOCABULAIRE 1

A **Les définitions** Faites correspondre chaque définition avec le mot de vocabulaire qui convient.

_____ 1. l'armée

_____ 2. la confiance

_____ 3. la loi

_____ 4. une nounou

_____ 5. un contrat

_____ 6. un vol

_____ 7. la mairie

a. Quand quelqu'un prend une de vos possessions.

b. Une organisation militaire qui protège les citoyens.

c. Une personne dont le travail est de prendre soin *(take care)* des enfants d'une famille.

d. Une émotion qu'on ressent quand on se fie *(trusts)* à quelqu'un.

e. Un papier qu'on signe pour déclarer un accord entre deux personnes.

f. C'est l'endroit où travaille le maire d'une ville.

g. Une partie d'un code gouvernemental qui explique quels types de comportement *(behavior)* sont interdits.

B **Les problèmes mondiaux** Lisez chaque phrase et choisissez le mot du vocabulaire qui convient.

1. Dans le monde de la technologie, les compagnies ont peur _____.
   a. des violations de la sécurité   b. des portiques de sécurité

2. Après le 11 septembre, _____ est devenue une priorité des gouvernements.
   a. la mairie   b. la sécurité nationale

3. Dans les aéroports, il faut passer par _____ pour accéder aux avions.
   a. un portique de sécurité   b. un tribunal

4. Beaucoup de gens sont victimes _____ à cause des violations de sécurité sur Internet.
   a. d'un code d'honneur   b. d'usurpation d'identité

5. Un jour, les terroristes ou les criminels internationaux doivent comparaître *(appear)* devant _____ international.
   a. un tribunal   b. un code d'honneur

C **Qui fait quoi ?** Écoutez chaque description et choisissez qui fait le travail mentionné.

8-1
1. a. un agent de sécurité   b. une nounou
2. a. un juge   b. un chef d'état
3. a. un sapeur-pompier   b. un maire
4. a. un(e) enseignant(e)   b. un gouverneur
5. a. un religieux   b. une femme politique
6. a. un avocat   b. un(e) enseignant(e)
7. a. un officier de l'armée   b. un maire
8. a. un homme politique   b. une nounou

D **Le code d'honneur** Chaque profession a un code d'honneur spécifique. Lisez chaque phrase qui décrit une personne qui obéit *(obeys)* à son code d'honneur et remplissez le blanc avec la bonne forme du verbe qui correspond.

1. Les hommes politiques _____ toujours la confiance de leur public.
   a. maintenir   b. violer

2. Les étudiants ne _____ pas aux examens universitaires.
   a. tricher   b. avoir confiance

3. Les sapeurs-pompiers _____ des fenêtres sans hésitation pour sauver une vie.
   a. voler   b. briser

4. Un maire ne _____ jamais la loi intentionnellement.
   a. soupçonner   b. violer

5. Une figure d'autorité ne _____ jamais de sa position de supériorité.
   a. profiter   b. voler

6. En principe, on peut croire que les enseignants _____.
   a. tricher   b. être dignes de confiance

7. Les vendeurs *(salesmen)* ne _____ pas la marchandise *(merchandise)* du magasin.
   a. voler   b. violer

8. Un citoyen informé _____ quelquefois en question les actions des hommes politiques.
   a. remettre   b. avoir confiance

9. Les membres de l'armée ne/n' _____ jamais le pouvoir de leurs supérieurs.
   a. usurper   b. casser

🔊 **E** **Le code universitaire** Claudine travaille pour la station de radio universitaire et compose un spot sur le code d'honneur de son université. Écoutez ses informations puis décidez si les phrases suivantes sont vraies ou fausses.

8-2

1. Le code d'honneur maintient l'intégrité de l'université.　　vrai / faux

2. Un professeur peut accuser un étudiant s'il le soupçonne de tricher quand il n'a pas de preuve *(proof)*. vrai / faux

3. Si vous êtes accusé(e), il faut passer devant un tribunal universitaire.　　vrai / faux

4. Si vous avez violé le code d'honneur, vous pouvez être expulsé *(be thrown out)* de l'université.　　vrai / faux

5. Pour être digne de confiance, regardez souvent votre portable pendant un examen.　　vrai / faux

F **Une caractéristique** Décrivez quelqu'un que vous connaissez qui est digne de confiance et expliquez pourquoi il/elle a ce trait de caractère. Si vous avez besoin d'idées, pensez à un(e) ami(e), un(e) collègue de travail ou un(e) membre de votre famille.

_____

_____

_____

_____

GRAMMAIRE 1

Le futur simple

A **Le monde de demain** Lisez ces prédictions pour le monde de demain et complétez chaque phrase avec le sujet qui convient.

les citoyens	je	tu
le dollar	nous	vous

1. Un jour, _____ ne soupçonneront plus les hommes politiques.

2. _____ mourrai à l'âge de 99 ans.

3. _____ vaudra beaucoup d'euros.

4. _____ verras une femme présidente un jour.

5. _____ voyagerons dans des voitures volantes *(flying)*.

6. _____ parlerez plusieurs langues étrangères.

B **Futur simple ou futur proche?** Marie décrit ce qui va peut-être se passer *(take place)* dans le monde. Écoutez ses prédictions et décidez si elle est plutôt certaine (futur proche) ou incertaine (futur simple) que ces événements vont se passer.

8-3

	certaine (futur proche)	incertaine (futur simple)
1.	☐	☐
2.	☐	☐
3.	☐	☐
4.	☐	☐
5.	☐	☐
6.	☐	☐

C **Les bonnes résolutions** Christine fait de bonnes résolutions pour la nouvelle année. Lisez chaque phrase et choisissez la forme du verbe qui convient.

1. Quand je _____ (finiras / finirai) l'école, je _____ (passerai / passera) beaucoup de temps à être bénévole.

2. Dès que l'été _____ (sera / serez) là, je _____ (trouverai / trouvera) un emploi.

3. Lorsque ma mère me _____ (rendront / rendra) visite, je _____ (ferai / feras) le ménage.

4. Tant que vous _____ (serez / serai) toujours en cours, vous ne _____ (recevrons / recevrez) que des bonnes notes.

5. Aussitôt que la nouvelle année _____ (sera / seras) là, ils _____ (commenceront / commencerons) à faire un régime.

6. Dès que nous _____ (aurai / aurons) assez d'argent, nous _____ (partirons / partira) en voyage!

D **Les activités du week-end** Pour chaque phrase, choisissez le bon verbe entre parenthèses et conjuguez-le au futur simple.

1. Ce week-end, Claire et Marc _____ au cinéma ensemble. (acheter / aller)

2. Marie _____ beaucoup de devoirs pour ses cours. (faire / parler)

3. Nous _____ de quoi manger au supermarché. (acheter / sortir)

4. Tu _____ un cadeau d'anniversaire à ta mère. (envoyer / voyager)

5. Je _____ cinq kilomètres pour m'entraîner *(train)* avec mes amis. (vouloir / courir)

6. Vous _____ très occupé *(busy)* avec des projets de famille. (trouver / être)

7. Ma mère _____ me voir à l'université. (venir / travailler)

8. Nous _____ des spécialités italiennes au restaurant avec nos amis. (chanter / manger)

E **Un bon ou un mauvais étudiant** Votre ami vous dit ce qu'il va faire le semestre prochain à l'université. Pour chaque chose qu'il dit, décidez s'il décrit les habitudes d'un bon ou d'un mauvais étudiant.

8-4

	bon	mauvais
1.	☐	☐
2.	☐	☐
3.	☐	☐
4.	☐	☐
5.	☐	☐
6.	☐	☐

F **La classe idéale** Élodie rêve de sa classe idéale pour le semestre prochain. Choisissez le bon verbe pour chaque blanc et conjuguez-le au futur simple.

1. Tous les élèves _____ une bonne note à l'examen. (recevoir / pleuvoir)

2. Le professeur ne _____ pas un seul étudiant d'avoir triché. (savoir / soupçonner)

3. On _____ tous nos devoirs. (faire / aller)

4. Vous _____ respectueux envers le professeur et les autres étudiants. (recevoir / être)

5. Il _____ avoir des leçons intéressantes. (falloir / être)

6. Les étudiants _____ faire attention quand le professeur parlera. (devoir / aller)

G **Mon avenir** Quand vous finirez l'université, à quoi ressemblera votre vie idéale? Où est-ce que vous habiterez? Qu'est-ce que vous ferez dans la vie? Est-ce que vous aurez une famille? Écrivez quelques phrases pour décrire comment sera votre vie d'ici cinq ou dix ans *(5–10 years from now)*.

_____

_____

_____

_____

_____

PARTIE **2**

VOCABULAIRE 2

A **Les définitions** Faites correspondre chaque mot de vocabulaire avec la définition qui convient.

_____ 1. le respect

_____ 2. la méfiance

_____ 3. un mensonge

_____ 4. une promesse

_____ 5. la trahison

_____ 6. une garantie

a. L'émotion qu'on ressent quand on soupçonne quelqu'un de ne pas être digne de confiance.

b. Quelque chose qui n'est pas vrai.

c. Une promesse faite par un dépanneur pour protéger le client.

d. Un vœu (vow) qu'une personne fait à une autre.

e. L'émotion qu'on ressent quand quelqu'un mérite notre estime.

f. Quand quelqu'un de malhonnête viole une promesse qu'il/elle a faite.

B **Le bon mot** Pour chaque phrase, choisissez le mot de vocabulaire qui convient.

1. Dans une relation romantique, il faut avoir un respect _____.
   a. mutuel   b. malhonnête

2. Un mécanicien donne une garantie pour _____ son travail.
   a. sauver   b. garantir

3. Les gens _____ ont du mal à obtenir la confiance des autres.
   a. malhonnêtes   b. fiables

4. On peut toujours compter sur une personne _____.
   a. entière   b. fiable

5. _____ aide une famille à s'en sortir s'il y a un problème à la maison.
   a. Un entraîneur   b. Un homme à tout faire

6. On dit aux enfants de ne pas parler _____.
   a. aux inconnus   b. aux conjoints

C **Les annonces** Écoutez chaque description et décidez quelle personne convient au rôle.

8-5

1. a. un dépanneur   b. une femme de chambre

2. a. un gardien d'animaux   b. un homme à tout faire

3. a. un aide   b. un chauffeur

4. a. un entraîneur   b. un gardien à domicile

5. a. un inconnu   b. un mécanicien

6. a. un gardien à domicile   b. un dépanneur

D **Les rapports amicaux** Pour chaque phrase, choisissez le bon verbe. Faites attention à la conjugaison!

1. Un bon ami ne _____ jamais à ses copains. (mentir / gagner)

2. Une personne fiable et honnête _____ le respect et l'amitié des autres. (mériter / sauver)

3. Un mauvais ami _____ à respecter la confiance de ses amis. (avoir du mal / sauver)

4. Après une trahison, un ami doit essayer de _____ la confiance de ses amis. (nécessiter / renouer)

5. Dans une relation, on _____ le respect des autres par notre comportement *(behavior)*. (gagner / s'en sortir)

6. Un bon ami _____ de vous aider s'il y a un problème. (obtenir / promettre)

7. Dans un moment difficile, on compte souvent sur nos amis pour nous aider à _____. (nous en sortir / obtenir)

8. Certains amis sont prêts *(ready)* à _____ la vie de leurs amis dans une situation dangereuse. (gagner / sauver)

E **Un mauvais ami** Luc explique un problème qu'il a eu avec un de ses amis. Lisez le paragraphe et remplissez les blancs avec le mot du lexique qui convient.

mutuels	s'ensortir	trahison	entraîneur	méritait	relation	honnête	renouer

J'ai rencontré Pierre à la gym où il travaillait comme (1) _____. Au début, je pensais qu'il était une personne (2) _____ qui ne disait jamais de mensonges. Mais, j'ai appris qu'il ne (3) _____ pas ma confiance parce qu'il n'a pas respecté ses promesses et il a dit des mensonges à propos de *(about)* moi à nos amis (4) _____. À cause de cette (5) _____, je ne pense pas pouvoir (6) _____ ma confiance en lui. C'est dommage pour notre (7) _____, mais on ne va pas pouvoir (8) _____.

F **Un gardien à domicile** Claire interviewe des candidats pour surveiller sa maison et ses animaux pendant ses vacances. Écoutez des extraits des deux entretiens et décidez si chaque phrase décrit un bon ou un mauvais candidat.

8-6

	Candidat A			**Candidat B**	
	bon	mauvais		bon	mauvais
1.	☐	☐	5.	☐	☐
2.	☐	☐	6.	☐	☐
3.	☐	☐	7.	☐	☐
4.	☐	☐	8.	☐	☐

G **Les qualités importantes** Maintenant, réécoutez les descriptions des deux candidats pour le poste de gardien à domicile. Puis, expliquez en plusieurs phrases quel candidat vous préférez pour le travail de gardien à domicile. Quelles sont les qualités importantes pour être un bon gardien à domicile? Pourquoi?

8-7

_____

_____

_____

_____

GRAMMAIRE 2

Les expressions négatives

A **Un beau mariage** Marc va bientôt se marier et il lit des conseils pour son mariage. Lisez chaque conseil et décidez s'il s'agit d'un bon ou d'un mauvais conseil.

	bon	mauvais
1. N'aidez jamais votre conjoint à se sortir de ses problèmes.	☐	☐
2. Ne lui parlez pas encore de l'avenir *(future)*.	☐	☐
3. Ne lui mentez jamais!	☐	☐
4. Ne l'amenez jamais nulle part pour s'amuser.	☐	☐
5. Rien n'est plus important que le respect mutuel.	☐	☐
6. Ne lui dites pas de petits mensonges.	☐	☐

B **Recherche coloc** Émilie recherche une colocataire pour son nouvel appartement. Lisez la petite annonce qu'elle a mise dans le journal étudiant. Puis, lisez des extraits de réponses qu'elle a reçus. Décidez si chaque candidate serait une colocataire compatible ou incompatible avec Émilie.

> Bonjour! Je m'appelle Émilie et je voudrais trouver une colocataire pour partager mon appartement de 30m2. Je n'accepterai que des filles pour vivre avec moi. Je suis très organisée et je ne laisse les choses en désordre nulle part. J'étudie beaucoup, donc je n'invite guère d'amis chez moi en semaine. Je préfère me coucher vers 11h00 en semaine et me lever vers 7h00 pour aller à la gym. Je suis allergique aux poils d'animaux *(pet hair)*, donc je ne peux avoir ni chat ni chien chez moi. Mais je n'ai aucun problème avec un poisson rouge. Si vous cherchez un appartement tranquille, aucun souci. N'hésitez pas à me contacter!

	compatible	incompatible
1. Je m'appelle Marc-Antoine.	☐	☐
2. Je laisse souvent les choses en désordre.	☐	☐
3. Je n'aime pas du tout sortir ou faire la fête en semaine.	☐	☐
4. Je ne me couche jamais avant minuit.	☐	☐
5. Je n'ai aucun animal domestique.	☐	☐
6. Je ne me réveille qu'après 10h00 du matin.	☐	☐

C **Le pessimiste** Jean-Marc est pessimiste. Lisez ses commentaires et remplissez le blanc avec l'expression négative qui convient.

1. Il n'y a _____ qui m'aime. (personne / pas du tout).

2. Je ne veux aller _____ ce soir. (jamais / nulle part).

3. _____ ne m'intéresse. (rien / que)

4. Les hommes politiques ne sont _____ honnêtes. (jamais / pas encore)

5. Il n'y a _____ solution pour le réchauffement climatique *(global warming)*. (plus / aucune)

6. Je ne vais _____ pouvoir rembourser mes prêts étudiants *(student loans)*. (jamais / nulle part)

7. Les figures d'autorité ne font _____ mentir aux gens. (que / pas encore).

8. Je n'ai _____ trouvé une relation avec une partenaire fiable. (pas encore / plus).

D **Un mauvais ami** Vous êtes un(e) bon(ne) ami(e) mais votre copain Pierre n'en est pas un. Réécrivez chaque phrase en utilisant la bonne expression négative.

1. J'ai de la patience et de la compassion, mais Pierre n'a _____ patience _____ compassion. (ni… ni / pas encore)

2. Pierre dit toujours des mensonges, mais, moi, je ne dis _____ de mensonges. (rien / jamais)

3. J'invite mes amis à aller au cinéma avec moi, mais Pierre n'invite ses amis _____. (nulle part / aucun)

4. Pierre se dispute souvent avec ses amis, mais moi, je ne me dispute _____ avec les miens. (guère / rien)

5. J'avais confiance en lui, mais maintenant, je ne lui fais _____ confiance. (plus / que)

6. Pierre trahit quelquefois ses amis, mais moi, je n'ai jamais trahi _____. (rien / personne)

7. J'ai téléphoné à Pierre pour lui dire «Bon anniversaire!», mais lui, il ne m'a _____ souhaité mon anniversaire! (rien / jamais)

8. Je l'aidais tout le temps avec ses devoirs, mais il ne m'aidait _____ avec les miens. (ni… ni / guère)

E **Les opposés** Votre sœur et vous n'êtes jamais du même avis. Vous allez entendre des phrases qui expriment l'opinion et les habitudes de votre sœur. Imaginez que vous êtes l'opposé(e) de chaque chose qu'elle dit. Dites une contradiction logique en employant une expression du lexique. Puis, vérifiez vos réponses et votre prononciation. N'utilisez pas une expression plus d'une fois.

8-8

Modèle: Vous entendez: Je mange toujours des bonbons.
Vous écrivez: **Je ne mange jamais de bonbons.**
Vous entendez: Je ne mange jamais de bonbons.

ne… pas du tout	ne… guère	ne… rien / rien… ne
ne… pas encore	ne… nulle part	

1. _____

2. _____

3. _____

4. _____

5. _____

F **Une journée épouvantable** Imaginez que vous passez une journée horrible. Qu'est-ce qui se passe? Employez des expressions négatives et écrivez 4–5 phrases pour décrire les événements de votre journée épouvantable.

_____

_____

_____

_____

_____

PARTIE **3**

GRAMMAIRE 3
Les pronoms démonstratifs et le pronom *lequel*

A L'opinion vestimentaire Vous faites du shopping avec votre meilleure amie. Pour chaque question et réponse, choisissez les bons pronoms.

1. —(Lequel / Lesquels) de ces sacs à main est moins cher?

   —(Celui / Celle) en cuir.

2. —(Laquelle / Lesquelles) de ces chaussures sont plus jolies?

   —(Celle / Celles) qui sont à gauche.

3. —(Lesquels / Lesquelles) de ces lunettes de soleil sont plus mignonnes?

   —(Ceux / Celles) de couleur argent *(silver)*.

4. —(Lequel / Laquelle) de ces pantalons est plus flatteur?

   —(Celui / Celles) en toile.

5. —(Laquelle / Lesquels) de ces robes est mieux?

   —(Celle / Ceux) qui est plus longue.

6. —(Lequel / Lesquels) de ces tennis sont plus à la mode?

   —(Celui / Ceux) de couleur rouge.

B Les possessions Marie parle des possessions de ses amis. Écoutez les bouts de phrases et décidez à quelle chose elle fait référence.

8-9

1. a. l'ordinateur   b. les chaussures

2. a. le collier   b. la bague *(ring)*

3. a. les tennis   b. la veste

4. a. la voiture   b. les bottes

5. a. le vélo   b. la voiture

6. a. les jeux vidéo   b. l'appartement

C Les opinions Votre amie Élodie vous demande votre opinion à propos d'une variété de choses. Écoutez sa question et déterminez à quel objet elle fait référence.

8-10

1. a. une séance de cinéma   b. des concerts

2. a. une robe   b. un jean

3. a. une maison hantée *(haunted house)*   b. un film d'horreur

4. a. des séries télévisées   b. un concert

5. a. des concerts   b. un spectacle

6. a. une robe   b. un pantalon

D **Les faits divers** Complétez chaque question avec une forme du pronom **lequel**.

1. _____ de ces chanteurs a fait partie du groupe One Direction? Harry Styles ou Justin Timberlake?

2. _____ de ces films est avec Marion Cotillard? *La môme* ou *Amélie*?

3. _____ de ces actrices vient de France? Audrey Hepburn ou Brigitte Bardot?

4. _____ de ces bonbons ont un meilleur goût? Les Starburst ou les chocolats?

5. _____ de ces pays font partie de l'Union européenne? La France, les États-Unis ou l'Espagne?

6. _____ de ces fromages vient de France? Le camembert ou le cheddar?

7. _____ de ces villes se trouvent en France? Paris, Marseille, Lisbonne ou Londres?

8. _____ de ces animaux est plus rapide? Le guépard *(cheetah)* ou la tortue?

E **Les opinions personnelles** Stéphanie vous donne ses opinions personnelles. Lisez chaque phrase et remplissez les blancs avec les mots qui conviennent.

ceci	celui	celles	auquel
cela	celle-là	ceux	pour laquelle

1. Je ne mens pas à _____ que j'aime. C'est la raison _____ je suis une bonne amie.

2. Quant aux séries télévisées, je préfère _____ qui sont des séries de science-fiction.

3. Le café _____ j'adore aller avec mes amis est au centre-ville.

4. Mon film préféré, c'est _____ avec Chewbacca.

5. Je n'ai pas dit _____. J'ai dit _____: Marion Cotillard est la plus belle actrice!

6. La robe rouge? C'est ma préférée. Elle est belle, _____!

F **Vos préférences** Pour chacune des questions suivantes, écrivez une phrase avec votre réponse personnelle.

Modèle: Vous voyez: Lequel de ces deux parfums de glace préférez-vous: le chocolat ou la vanille?
Vous écrivez: **Celui que je préfère, c'est la vanille.**

1. Laquelle de ces séries télévisées préférez-vous: *Downton Abbey* ou *The Walking Dead*?

_____

2. Lequel de ces livres préférez-vous: *Hunger Games* ou *Harry Potter*?

_____

3. Dans lequel de ces pays préférez-vous voyager: la France, le Canada ou l'Algérie?

_____

4. Lesquelles de ces voitures sont plus fiables: les voitures françaises, les voitures japonaises ou les voitures allemandes?

_____

5. Lesquels de ces films sont plus intéressants: les films de Will Ferrell ou ceux de Ben Affleck?

_____

6. De laquelle de ces choses avez-vous le plus peur: les araignées *(spiders)*, le vide *(heights)* ou la mort?

_____

🔊 Encore des sons et des mots

La lettre *h*

As you have noticed, with most words, the letter **h** in French is usually silent and treated like a vowel. This is called the *h* **muet**. With an *h* **muet**, the word is pronounced using a *liaison* or an *enchaînement consonantique,* as we discussed in Chapter 3.

un homme	des heures	l'hôpital	par hasard	les humains

Some words have an *h* **aspiré**. This means that the **h** is not treated as a vowel, so it is not preceded by **l'** and there is no liaison when you pronounce it.

le hockey	un homard *(lobster)*	les héros	les haricots verts	le huit avril

Pratique A

8-11 Écoutez et répétez ces mots qui contiennent un *h* **muet**.

1. les histoires
2. les horaires
3. un hôtel
4. en hiver
5. les heures
6. s'habiller
7. les hommes
8. l'hôpital

Pratique B

8-12 Écoutez et répétez ces mots qui contiennent un *h* **aspiré**.

1. le homard
2. la harpe
3. le hasard
4. le handicap
5. les héros
6. les hamburgers
7. les hiboux *(owls)*
8. le hoquet *(hiccup)*

Pratique C

. . . .

8-13 Écoutez et répétez les phrases suivantes. Puis, soulignez chaque *h* **aspiré** et encerclez chaque *h* **muet**. La dernière phrase est un virelangue *(tongue twister)*. Pouvez-vous le prononcer?

1. Voilà la hutte *(hut)* dans laquelle j'habite.

2. Claire va à l'hôpital à trois heures de l'après-midi.

3. Je préfère le homard aux hamburgers.

4. Les hommes à l'université aiment s'habiller en sweat.

5. J'ai trouvé un hébergement dans un hôtel particulier.

6. Le hibou est en haut.

Pratique D

. . . .

8-14 Écoutez ces extraits de dialogues entre André et Claire du film *Encore*. Décidez si chaque **h** est (a) un *h* **muet** ou (b) un *h* **aspiré**. Puis vérifiez vos réponses et répétez les phrases.

_____ 1. J'ai l'habitude de voir les choses les plus bizarres.

_____ 2. Vous voulez dire qu'elle vient de sortir de l'hôpital psychiatrique?

_____ 3. Je voulais te demander le nom de cette famille dont tu réclames l'héritage.

_____ 4. À l'hôtel... et, ce matin, quand je suis sortie du bureau de l'avocat.

_____ 5. Ce n'était pas par hasard.

Pratique E

. . . .

8-15 **Étape 1.** Écrivez les mots que vous entendez.

1. _____

2. _____

3. _____

4. _____

5. _____

6. _____

Étape 2. Utilisez les mots de l'Étape 1 pour écrire une phrase au sujet de cette image du film *Encore*.

_____

_____

8-16 **Étape 3.** Maintenant, écoutez et répétez la phrase de l'Étape 2 en faisant attention à chaque **h**.

Les **attraits**

PARTIE **1**

VOCABULAIRE 1

A Le bon mot Choisissez le mot de vocabulaire approprié pour compléter chaque phrase.

a. les attractions	c. la gastronomie	e. un spectacle	g. un vignoble
b. la cuisine de terroir	d. le patrimoine culturel	f. une statue	h. un zoo

1. La nourriture traditionnelle d'un endroit s'appelle aussi _____.

2. _____ comprend les objets et les endroits qui sont importants à l'héritage d'un pays.

3. _____, c'est une représentation à laquelle on assiste *(attend)* en personne.

4. _____ est un type d'œuvre artistique qu'on trouve au Louvre.

5. L'art de bien sélectionner, de préparer et de savourer un repas s'appelle _____.

6. On cultive les raisins *(grapes)* pour faire du vin dans _____.

7. Pour observer des animaux exotiques, il faut visiter _____.

8. À Disney, il faut visiter _____ comme le château et les montagnes russes.

B Quel endroit? Lisez chaque description et décidez quel endroit est décrit.

1. C'est un endroit où on regarde des matchs de foot.
   a. un centre commercial   b. un stade

2. C'est un endroit où on va voir les pièces de Molière et de Shakespeare.
   a. un théâtre   b. une île

3. C'est un endroit où on peut dormir quand on est en vacances.
   a. une tour   b. une chambre d'hôtes

4. C'est un endroit où on peut observer les plantes et les animaux dans leur environnement naturel.
   a. un pont   b. une réserve naturelle

5. C'est un endroit où on peut acheter des fruits, des légumes et d'autres aliments de la cuisine de terroir.
   a. un marché en plein air   b. un jardin botanique

6. C'est un endroit où on peut faire du shopping et acheter des vêtements.
   a. un chalet   b. un centre commercial

7. C'est un endroit où on peut dormir.
   a. un hébergement   b. un marché en plein air

8. C'est un endroit que les touristes peuvent visiter dans les grandes villes.
   a. un vignoble   b. un gratte-ciel

C **Les sites pittoresques** Écoutez chaque description et décidez à quel genre de site on fait référence.

9-1

1. a. un jardin botanique   b. un fleuve

2. a. une fontaine   b. une île

3. a. un vignoble   b. un fleuve

4. a. une forêt tropicale   b. une tour

5. a. une réserve naturelle   b. une particularité

6. a. un pont   b. une fontaine

D **Un voyage exotique** Marie-Claire parle de ses projets pour ses prochaines vacances dans les tropiques. Lisez le paragraphe et remplissez les blancs avec les mots qui conviennent.

attirant	chaleureux	la cuisine de terroir	de passage	faire une croisière
faire une randonnée	une forêt tropicale	gastronomique	une île	

Pour les vacances, je préfère les endroits où il fait chaud. Donc, j'ai décidé de (1) _____ pour visiter (2) _____ ensoleillée. J'adore ce type de voyage parce que je peux m'installer dans une cabine sur le bateau sans devoir refaire mes valises tous les jours! Pendant mes vacances, je vais (3) _____ dans (4) _____ pour voir les plantes et le paysage. Un autre aspect (5) _____ de ce type de voyage est la cuisine (6) _____ grâce aux chefs renommés. En plus, pendant que nous serons (7) _____ dans les diverses îles, j'aurai l'occasion de goûter (taste) (8) _____. J'aime aussi rencontrer les habitants des îles parce qu'ils sont toujours (9) _____ et ils donnent des conseils utiles aux touristes. J'ai trop hâte de partir en vacances!

E **Une visite à Paris** Sébastien va visiter Paris pendant les vacances cet été. Écoutez ses projets et décidez si les phrases suivantes sont vraies ou fausses.

9-2

	vrai	faux
1. Sébastien s'intéresse au patrimoine parisien.	☐	☐
2. Il veut voir les fontaines devant le Louvre.	☐	☐
3. Il fera une excursion au musée d'Orsay.	☐	☐
4. Les gratte-ciel se trouvent à la Défense.	☐	☐
5. Il trouve le quartier de la Défense moche (ugly).	☐	☐

F **Vos vacances** Quelles sont vos vacances idéales? Est-ce que vous préférez les excursions en ville ou la randonnée? Est-ce que vous êtes attiré(e) par un chalet à la montagne ou par une chambre d'hôtes? Écrivez un petit paragraphe avec le vocabulaire de cette partie du chapitre pour décrire vos vacances de rêve.

_____

_____

_____

_____

_____

_____

GRAMMAIRE 1

Les adjectifs et les pronoms indéfinis

A **Le placard** Marie parle de ses vêtements avec sa copine. Lisez chaque phrase et choisissez le bon adjectif ou pronom pour la compléter.

1. J'adore ta robe! J'ai _____!
   a. plusieurs de   b. la même

2. Tu veux emprunter cette chemise? J'en ai _____.
   a. d'autres   b. certaines

3. Il fait trop chaud pour porter un _____ pull!
   a. chacun   b. tel

4. Pour les jeans, j'ai _____ styles différents.
   a. tout   b. plusieurs

5. _____ mes vêtements sont appropriés pour le travail.
   a. La plupart de   b. Quelques

6. _____ de mes robes est rangée dans ce placard.
   a. Chacune   b. Autres

7. C'est trop cher! Je ne pourrais jamais acheter une _____ robe!
   a. telle   b. quelque

8. Des t-shirts? Il faut en avoir de _____ les couleurs!
   a. toutes   b. mêmes

B **On parle de quoi?** Écoutez les phrases suivantes et décidez à quoi la personne qui parle fait référence.

1. a. les femmes   b. les hommes

2. a. la voiture   b. le café

3. a. les acteurs   b. les actrices

4. a. la chemise   b. les lunettes de soleil

5. a. un café   b. une bouteille d'eau

6. a. les talons   b. les chaussures

C **Chaque ou chacun?** Complétez les phrases avec l'adjectif **chaque** ou avec la bonne forme du pronom **chacun(e)**.

1. _____ zoo a des animaux exotiques.

2. _____ des centres commerciaux a des grands magasins.

3. _____ membre de ma famille adore explorer le patrimoine historique.

4. _____ de mes sœurs veut faire un tour des vignobles.

5. _____ été, ma famille fréquente le marché en plein air.

6. _____ des réserves naturelles a une ambiance unique.

D **Quelques ou quelques-uns?** Complétez les phrases avec l'adjectif **quelques** ou avec la bonne forme du pronom **quelques-un(e)s.**

1. J'ai _____ amis qui aiment voyager.

2. _____ de ces destinations sont très chères.

3. _____ attractions sont toujours remplies de visiteurs.

4. _____ des forêts tropicales ont des espèces menacées (*endangered species*).

5. _____ des touristes n'apprécient pas la cuisine de terroir.

E **Les destinations de vacances** Lisez les phrases et remplissez les blancs avec la forme de l'adjectif ou du pronom qui convient. Faites tous les changements nécessaires.

un autre	certain	le même	tout	tel

(1) _____ de mes amis préfèrent les endroits ensoleillés pour passer leurs vacances d'été. Le problème, c'est que nous habitons à Paris et (2) _____ ces destinations sont assez loin. En plus, ça coûte beaucoup d'argent pour un (3) _____ voyage! Pour ceux qui ne peuvent pas voyager, il y a (4) _____ possibilité: Paris Plages! Ce n'est pas (5) _____ chose, mais on peut y bronzer (*tan*) quand même!

d'autres	chacun	la plupart de	tout

(6) _____ amis préfèrent les endroits plus naturels. Là, (7) _____ mes amis aiment faire de la randonnée. Plusieurs amis aiment découvrir les forêts tropicales. Là-bas, (8) _____ peut voir les animaux et (9) _____ le monde peut déguster la cuisine locale.

F **Les points de repère** Marie décrit les gens et les attractions à Paris. Écoutez ce qu'elle dit puis décidez de quoi elle parle. Écrivez votre réponse, puis écoutez la réponse correcte.

9-4

Modèle: Vous entendez: On trouve le même à New York. C'est le métro ou la baguette?
　　　　　Vous écrivez: **C'est le métro.**
　　　　　Vous entendez: C'est le métro.

1. _____   4. _____

2. _____   5. _____

3. _____   6. _____

G **Un nouvel étudiant** Il y a un nouvel étudiant dans votre résidence universitaire (*dorm*). Complétez chaque phrase avec un conseil pour qu'il puisse bien s'intégrer à la vie du campus.

1. La plupart des étudiants aiment _____.

2. D'autres étudiants préfèrent _____.

3. Plusieurs cours sont _____.

4. Il y a certains restaurants qui _____.

5. Tout le monde _____.

6. Quelques-uns des professeurs _____.

PARTIE 2

VOCABULAIRE 2

Ⓐ Sain ou malsain? Décidez si chaque phrase décrit une action saine ou malsaine.

	saine	malsaine
1. Quelqu'un d'anorexique surveille trop sa ligne.	☐	☐
2. Dans les médias, la femme idéale est une femme très mince.	☐	☐
3. On fait souvent de la musculation pour rester en forme.	☐	☐
4. Elle fait toujours un régime strict.	☐	☐
5. Je vais à la gym pour tonifier mon corps.	☐	☐
6. Être en surpoids peut être le résultat de trop manger.	☐	☐
7. Il est bon d'avoir un régime alimentaire équilibré.	☐	☐
8. Les normes de beauté encouragent les gens à avoir des silhouettes minces, sculptées et athlétiques.	☐	☐

Ⓑ Les parties du corps Quelle partie du corps est-ce qu'on utilise pour faire les activités suivantes? Écoutez la description de l'activité, puis choisissez la partie du corps qui convient.

9-5

1. a. les épaules   b. le nez

2. a. le nez   b. les jambes

3. a. les bras   b. le ventre

4. a. les fesses   b. les épaules

5. a. les pieds   b. les bras

6. a. le nez   b. les jambes

Ⓒ Les stéréotypes de la beauté Remplissez les blancs avec le mot de vocabulaire qui convient.

1. Les hommes veulent avoir les muscles _____. (sculptés / bronzés)

2. L'artiste Adèle n'est pas mince; elle représente la beauté des femmes _____. (athlétiques / pulpeuses)

3. Quand les hommes font de la musculation, ils essaient d'avoir des épaules _____. (maigres / larges)

4. Les gens de taille _____ (moyenne / bien en chair) ne sont ni très grands ni très petits.

5. Dans les magazines, il y a beaucoup de conseils (*advice*) pour réduire _____ (la cellulite / les bras).

6. Pour avoir le ventre _____ (plat / en surpoids), il y a beaucoup d'exercices utiles.

7. _____ (La maigreur / L'obésité) est une norme malsaine répandue (*widespread*) dans les magazines.

8. Il vaut mieux être _____ (actuel / bronzé) pour avoir une apparence saine.

D **La Renaissance** Lisez ce paragraphe sur les critères de beauté à la Renaissance et remplissez les blancs avec le mot qui convient le mieux.

bien en chair	pulpeuse	les fesses	incarnent	la minceur
les normes	les peintures	une poitrine	saine	

Dans (1) _____ de la Renaissance qu'on peut voir au musée, il y a beaucoup de représentations de femmes (2) _____ qui (3) _____ les valeurs de l'époque. À cette époque, une silhouette (4) _____ avec (5) _____ voluptueuse incarnait l'idéal de beauté. Avoir (6) _____ et le ventre arrondis *(round, full)* était le signe d'une alimentation *(diet)* (7) _____. Donc, (8) _____ n'était pas une priorité comme elle l'est aujourd'hui, avec beaucoup de mannequins comme Kate Moss. C'est intéressant de voir comment (9) _____ de beauté changent à travers le temps.

E **Les médias** Corinne décrit l'influence des médias sur les standards de beauté pour les hommes et les femmes d'aujourd'hui. Écoutez sa description, puis décidez si les phrases suivantes sont vraies ou fausses.

9-6

1. Ce sont les médias qui diffusent les normes de beauté dans notre société aujourd'hui. V/F

2. Les photos de stars dans les magazines ne sont jamais retouchées. V/F

3. Les médias encouragent les hommes à ne pas trop manger pour être mince. V/F

4. Les stars ont des entraîneurs personnels pour les aider à tonifier leur corps. V/F

5. Il est impossible d'avoir un corps pulpeux et d'être en forme. V/F

6. Beaucoup de gens ressentent *(feel)* de la pression au sujet de leur ligne et de leur apparence. V/F

F **Votre opinion personnelle** Qu'est-ce que vous pensez des normes de beauté diffusées par les médias? Est-ce que vous faites souvent des régimes? Ressentez-vous de la pression au sujet de votre silhouette? Écrivez un petit paragraphe avec le vocabulaire de cette partie du chapitre qui explique votre opinion sur les normes de beauté de notre société actuelle.

_____

_____

_____

_____

_____

_____

GRAMMAIRE 2

Les prépositions suivies de l'infinitif

A **Le bon mot** Pour chaque blanc, choisissez le bon verbe basé sur la préposition qui est employée dans la phrase.

1. Les vidéos sur YouTube _____ (aident / permettent) les gens **à** se tonifier les muscles chez eux.

2. Les ados _____ (arrêtent / s'amusent) **à** lire les magazines de mode *(style)*.

3. Les gens intelligents _____ (conseillent / choisissent) aux jeunes **d'**accepter leur silhouette naturelle.

4. Beaucoup de gens _____ (invitent / tiennent) **à** faire un régime en janvier.

5. Les actrices _____ (essaient / parlent) souvent de la pression **d'**être mince.

6. Les jeunes _____ (risquent / viennent) **d'**abîmer *(damage)* leur santé s'ils essaient de trop maigrir.

7. Manger bien _____ (permet / invite) aux gens **d'**être en bonne santé.

8. Après le Nouvel An, les gens (s'intéressent / empêchent) à l'idée **de** perdre du poids *(lose weight)*.

B **Les résolutions** Tout le monde fait des résolutions pour le Nouvel An. Écoutez les résolutions et décidez si la préposition **à** ou **de** doit être utilisée avant l'infinitif.

9-7

	à	de			à	de
1.	☐	☐		**5.**	☐	☐
2.	☐	☐		**6.**	☐	☐
3.	☐	☐		**7.**	☐	☐
4.	☐	☐				

C **Les phrases mélangées** Faites des phrases logiques en mettant les mots et expressions dans le bon ordre.

1. conseillent / les magazines / aux filles / bien surveiller leur ligne / de

_____

2. à / le garçon / de l'aider avec ses devoirs / sa mère / demande

_____

3. au supermarché / la femme / à son mari / d'aller / dit

_____

4. dire «Bonne année!» / Susie / à son amie / de / écrit

_____

5. jouer dehors / la maman / à son fils / permet / de

_____

6. d'être fidèle / sa femme / à / promet / le mari

_____

7. aux enfants / reproche / ne pas / le professeur / de / suivre les règles

_____

8. de / la grand-mère / se marier / suggère / à sa petite-fille

_____

🔊 **D** **Écoutez aux portes** Vous entendez des bouts de phrases. Pour chaque phrase que vous entendez,
9-8   choisissez le début de phrase probable.

1. a. Elle continue…   b. Il choisit…

2. a. Il s'habitue…   b. Tu as oublié…

3. a. Son père l'encourage…   b. Il s'empêche…

4. a. Il a fini…   b. Il arrive…

5. a. Il accepte…   b. Elle veut apprendre…

6. a. Il hésite…   b. Il enseigne…

7. a. Ils vont dire…   b. Marc va réussir…

8. a. Les gens regrettent   b. Les gens s'habituent…

E **La motivation** Lisez le paragraphe et remplissez les blancs avec le mot qui convient le mieux. Faites
les changements nécessaires.

> arriver choisir empêcher essayer il est refuser rêve

(1) _____ important d'être une personne motivée. Souvent, on (2) _____

d'atteindre nos buts personnels, mais les obstacles nous (3) _____ parfois de les réaliser. Il

faut (4) _____ de se lever chaque jour avec de la motivation. De plus, chaque personne doit

(5) _____ d'être flexible avec elle-même parce qu'il est difficile de pouvoir tout faire. Avec

de la motivation personnelle, vous pouvez (6) _____ de jeter l'éponge *(give up)* et

(7) _____ à réaliser vos rêves.

F **Le semestre prochain** La fin du semestre approche! Quels sont vos buts pour le reste de ce
semestre et pour le semestre prochain? Est-ce que vous essayerez d'avoir une bonne note? Est-ce que
vous vous attendez à suivre beaucoup de cours difficiles? Utilisez les verbes et les prépositions de cette
partie du chapitre et écrivez cinq objectifs pour ce semestre ou pour le semestre prochain.

1. _____

2. _____

3. _____

4. _____

5. _____

PARTIE 3

GRAMMAIRE 3

Le conditionnel passé et les phrases *avec si*

A **C'est qui?** Choisissez le bon sujet pour chaque phrase.

1. _____ aurais bien fait le gâteau.   a. Tu   b. Il

2. _____ ne serais pas venu sans toi.   a. Vous   b. Je

3. _____ n'aurait pas pu réussir l'examen sans étudier.   a. Il   b. Elles

4. _____ auriez dû m'appeler hier!   a. Nous   b. Vous

5. _____ aurions bien aimé vous revoir.   a. Nous   b. Vous

6. _____ se seraient bien amusées à la fête.   a. Elles   b. Elle

7. _____ aurait préféré la chemise bleue.   a. Marc   b. Mes amis

8. _____ seraient partis en voyage sans moi.   a. Ma mère   b. Mes parents

B **La fête** Votre amie allait faire une fête d'anniversaire, mais elle a dû l'annuler *(cancel)*. Pour chaque phrase qui explique ce qu'on aurait fait à la fête, choisissez la bonne forme de l'auxiliaire.

1. Nous _____ (aurions / auraient) mangé de la glace à la vanille.

2. Claire _____ (aurais / aurait) préparé un gâteau au chocolat.

3. Tous nos amis _____ (seraient / serions) venus célébrer ensemble.

4. On ne _____ (serait / serais) pas sorti au restaurant.

5. Vous _____ (auriez / aurions) mangé beaucoup de bons plats.

6. Claire et son mari _____ (aurait / auraient) nettoyé leur appartement.

C **Le Nouvel An** C'est le Nouvel An. Sandrine parle avec sa colocataire des possibilités pour l'année prochaine et des regrets de l'année passée. Pour chaque phrase, choisissez le verbe logique.

1. Si j'ai assez d'argent, je/j' _____ (ferai / ferais) un voyage en Chine.

2. Si j'avais pris un nouvel emploi, je/j' _____ (aurais gagné / gagnerais) plus d'argent.

3. Si on savait cuisiner, on _____ (ouvre / ouvrirait) un restaurant.

4. Si vous étiez venus me voir, je/j' _____ (aurais pu / peux) vous montrer ma maison.

5. Si je trouve une autre colocataire, on _____ (payerait / payera) moins chaque mois.

6. Si tu pouvais visiter Paris, tu _____ (aurais mangé / mangerais) beaucoup de baguettes.

D Être acteur Marc voulait devenir acteur, mais il n'a pas réussi. Ses amis lui donnent des conseils à propos de ce qu'il aurait pu faire différemment. Écoutez chaque conseil et décidez s'il s'agit d'un bon ou d'un mauvais conseil.

9-9

	bon	mauvais
1.	☐	☐
2.	☐	☐
3.	☐	☐
4.	☐	☐
5.	☐	☐
6.	☐	☐

E Les conditions Brigitte continue de penser à comment sa vie peut ou pourrait être différente. Pour chaque phrase, choisissez le bon verbe pour la clause avec **si**.

1. Si je _____ (peux / pouvais) suivre un autre cours d'algèbre, j'aurai une spécialisation en maths.

2. Si Mattéo _____ (va / était allé) dans une autre université, nous n'aurions pas été ensemble.

3. Si nous _____ (étions restées / restions) à la maison, tu n'aurais pas rencontré Robert.

4. Si l'université _____ (n'a pas / n'avait pas) de système de transport, on ne pourrait pas aller en cours.

5. Si les gens _____ (font / faisaient) attention à ce qu'ils mangent, ils seraient en bonne santé.

6. Si je/j' _____ (avais décidé / décide) d'habiter seule, je n'aurais pas eu de colocataire.

F Si seulement… Jean décrit comment les choses peuvent se passer différemment. Écoutez chaque début de phrase et choisissez la conclusion logique. Faites attention à la forme du verbe!

9-10

1. a. … j'aurais des muscles sculptés.   b. … j'aurais eu des muscles sculptés.

2. a. … je parlerai une autre langue.   b. … je parlerais une autre langue.

3. a. … elle sort avec moi.   b. … elle serait sortie avec moi.

4. a. … je découvrirai d'autres cultures.   b. … je découvrirais d'autres cultures.

5. a. … ma mère me cuisinerait le dîner.   b. … ma mère me cuisinait le dîner.

6. a. … je pourrais être biologiste.   b. … je vais pouvoir être biologiste.

G Les possibilités La vie est pleine de possibilités. Utilisez ce que vous venez d'apprendre pour terminer chaque phrase avec une possibilité pour votre vie.

Modèle: Si j'étais millionnaire, **je visiterais beaucoup de pays différents.**

1. Si je pars en voyage, _____.

2. Si j'étais riche, _____.

3. Si j'étais devenu(e) célèbre, _____.

4. Si je parle une autre langue, _____.

5. Si je pouvais rencontrer un personnage historique, _____.

🔊 Encore des sons et des mots

Le *e* caduc et le *e* muet; les sons vocaliques [e] et [ɛ]

In French, an unaccented **e** is usually pronounced like the **e** in the following words. This sound is called an *e* **caduc** and is represented by the phonetic symbol **[ə]**.

ce	de	le	me	se regarder	cheveux

An *e* **caduc** is sometimes called *e* **muet** (mute) when it is silent. An *e* **muet** occurs at the end of words or when it is preceded by only one consonant.

coude	tête	la poitrine	même	logement	traitement

The **son vocalique [e]** in French is equivalent to the written letter **é** or the **er** at the end of an infinitive verb. It is an open sound that is always pronounced.

athlétique	sculpté	l'obésité	les épaules	écouté

Finally, the **son vocalique [ɛ]** is equivalent to the *eh* sound of the written letters **è**, **ê**, or **ai**, or the closed **e** sound in the middle of a syllable.

même	mère	telle	c'était	mais

Pratique A

9-11 Écoutez et répétez ces mots qui contiennent le *e* caduc.

1. singe
2. ne
3. renouer
4. religieux
5. ferai
6. code

Pratique B

9-12 Écoutez et répétez ces mots qui contiennent le son vocalique **[e]**.

1. protéger
2. écouter
3. sécurité
4. mériter
5. j'ai
6. l'armée

Pratique C

. . . .

9-13 Écoutez et répétez ces mots qui contiennent le son vocalique [ɛ].

1. honnête

2. le chef

3. être

4. dès

5. faire

6. une promesse

Pratique D

. . . .

9-14 Écoutez ces répliques du film *Encore*. Ensuite, lisez-les et barrez *(cross out)* tous les *e* **muets**.

1. André: Dans ma famille, j'étais le rebelle.

2. Claire: C'est une longue histoire. Je l'ai trouvée dans un coffre-fort à Québec.

3. Claire: Ah! J'oublie quelque chose.

Pratique E

. . . .

9-15 Écoutez ces répliques du film *Encore*. Ensuite, encerclez tous les mots qui contiennent le son vocalique **[e]**.

1. André: Alors, finalement, j'ai décidé de m'installer à Montréal et de vivre ici au Canada.

2. Claire: Et comment en es-tu arrivé à choisir le métier de détective privé?

3. André: Bon, ben, j'ai beaucoup parlé, moi. Mais toi, tu m'as toujours pas expliqué comment tu avais une photo de mon cousin Alexis.

Pratique F: La dictée!

. . . .

9-16 Vous allez entendre cinq phrases deux fois. La première fois, écoutez-bien. La deuxième fois, écrivez les phrases.

Sujet: Quelqu'un décrit ce qu'il faut faire et voir au Québec

1. _____

2. _____

3. _____

4. _____

5. _____

Le **bonheur**

PARTIE **1**

VOCABULAIRE 1

A **Les définitions** Pour chaque phrase, choisissez le mot de vocabulaire qui convient.

_____ 1. Un sentiment de contentement dans la vie

_____ 2. Un autre nom donné aux personnes âgées

_____ 3. L'activité de lire des livres

_____ 4. Le mot pour les chiens et les chats

_____ 5. Comment on se sent à un moment donné

_____ 6. Quelque chose qu'on fait dont on est fier

_____ 7. Un commentaire flatteur

_____ 8. Un sentiment négatif quand on n'est pas optimiste

a. un accomplissement

b. le désespoir

c. les animaux domestiques

d. le bonheur

e. la lecture

f. un compliment

g. l'état d'esprit

h. les seniors

B **Le bonheur** Écoutez les descriptions de ces actes et décidez si chaque acte apporte normalement du bonheur aux autres ou non.

10-1

	oui	non		oui	non
1.	☐	☐	**5.**	☐	☐
2.	☐	☐	**6.**	☐	☐
3.	☐	☐	**7.**	☐	☐
4.	☐	☐	**8.**	☐	☐

C **Une vie heureuse** Paul donne des conseils à un ami pour avoir une vie heureuse. Lisez chaque phrase et choisissez le mot ou l'expression qui convient le mieux pour la compléter.

1. Il vaut mieux t'entourer de gens _____ (faciles à vivre / pessimistes).

2. Il faut prendre le temps de _____ (décompresser / pleurer) après le travail.

3. Il est essentiel de _____ (rire / rendre) les autres heureux.

4. C'est une bonne idée de _____ (relativiser / faire des projets) avec tes proches.

5. Il est important d' _____ (aider autrui / être bien dans sa peau) en faisant des actes de charité.

6. C'est bon pour ton état d'esprit de _____ (relativiser / s'épanouir) tes problèmes en comparaison à ceux des autres.

7. Il faut prendre le temps de _____ (rire / pleurer) et de t'amuser avec tes amis.

8. Malgré les difficultés, il faut reconnaître les petits _____ (trucs / sorties) qui font plaisir dans la vie.

D **La vie à l'université** Marie parle de son expérience à l'université. Lisez le paragraphe et remplissez les blancs avec le mot du vocabulaire qui convient. Faites attention à la forme du verbe. Certains doivent être au passé composé!

| m'épanouir | pleurer | optimiste | chanceuse | faciles à vivre | sorties |

Être à l'université m'aide beaucoup à (1) _____. C'est sûr que je/j' (2) _____ quand

mes parents m'ont laissée ici la première année, mais j'étais toujours (3) _____. Je suis

(4) _____ d'avoir rencontré beaucoup de gens (5) _____ avec qui je fais pas mal de

(6) _____.

| bien dans ma peau | malgré | perfectionniste | le truc |

(7) _____ le plus difficile est de ne pas être trop (8) _____ dans mes études et de

maintenir un bon équilibre entre les études et la vie personnelle. (9) _____ les difficultés que je

rencontre quelquefois, je suis (10) _____ ici à l'université.

E **C'est quoi, le bonheur?** Corinne et Michel donnent chacun leur définition du bonheur. Écoutez-les, puis décidez si les phrases suivantes sont vraies ou fausses.

10-2

	vrai	faux
1. Corinne et Michel aiment être avec les autres.	☐	☐
2. Michel n'aime pas être actif.	☐	☐
3. Corinne aime décompresser et lire un livre.	☐	☐
4. Corinne n'aime pas travailler avec les jeunes.	☐	☐
5. Michel aime travailler avec les seniors.	☐	☐
6. Ils n'aiment pas passer du temps avec leur famille et leurs amis.	☐	☐

F **Votre bonheur** Qu'est-ce qui vous rend heureux (heureuse)? Est-ce que vous aimez décompresser? Aider autrui? Pleurer devant une comédie romantique? Écrivez plusieurs phrases qui décrivent votre propre définition du bonheur.

_____

_____

_____

_____

_____

_____

GRAMMAIRE 1

Le futur antérieur

A **D'ici 10 ans** Marie donne des prédictions pour les dix prochaines années. Pour chaque phrase, choisissez le bon sujet selon le verbe.

1. _____ aurai rencontré l'amour de ma vie.
   a. Je/J'   b. Vous

2. _____ seront partis à la retraite.
   a. Ma mère   b. Mes parents

3. _____ auront gagné la Coupe du monde.
   a. Vous   b. Les Américains

4. _____ aura terminé ses études universitaires.
   a. Ma sœur   b. Mes amis

5. _____ auront divorcé.
   a. Lady Gaga   b. Kim Kardashian et Kanye West

6. _____ aura inventé une voiture volante.
   a. Google   b. Les inventeurs

7. _____ aurons maîtrisé la langue française.
   a. Je/J'   b. Nous

8. _____ serez partis de l'université avec vos diplômes.
   a. Vous   b. Nous

B **Les prévisions pour les célébrités** Écoutez chaque phrase et décidez si elle est au futur simple ou au futur antérieur.

10-3

1. a. futur simple   b. futur antérieur
2. a. futur simple   b. futur antérieur
3. a. futur simple   b. futur antérieur
4. a. futur simple   b. futur antérieur
5. a. futur simple   b. futur antérieur
6. a. futur simple   b. futur antérieur

C **Les activités** Christian et Caroline sont en couple. Ils pensent peut-être se marier, mais avant, ils doivent avoir une discussion à propos de leurs idées pour l'avenir. Écoutez les idées de Caroline et décidez quel événement se sera passé en premier.

10-4

1. a. trouver un appartement   b. terminer l'université
2. a. déménager   b. décrocher *(land)* de vrais boulots *(jobs)*
3. a. trouver de bons emplois   b. acheter de nouvelles voitures
4. a. s'installer *(settle in)*   b. adopter un chien
5. a. acheter une maison ensemble   b. se marier
6. a. décider qu'on est prêt   b. avoir un enfant

CHAPITRE 10 Partie 1 • Grammaire 1   **127**

D **Les projets de mes camarades** Pour chaque phrase, choisissez la forme du verbe qui convient.

1. Aussitôt qu'elle _____ (aura reçu / a reçu) son diplôme, Zoé déménagera en Californie.

2. Je reprendrai le français une fois que je/j' _____ (terminerai / aurai terminé) mes autres cours.

3. Après que les étudiants auront passé leurs examens, ils _____ (auront fait / feront) la fête.

4. Luc partira à l'étranger dès qu'il _____ (aura obtenu / obtiendra) son passeport.

5. Une fois que Léa aura rangé sa maison, elle _____ (aura invité / invitera) ses amis chez elle.

6. Lorsque Betty et Véronique _____ (ont trouvé / auront trouvé) une belle robe, elles iront à la fête.

E **Quand on sera grand(e)** Pour chaque phrase, choisissez le bon verbe et écrivez-le au futur antérieur.

1. Avant d'avoir 30 ans, je/j' _____ (voyager / téléphoner) partout dans le monde.

2. Mes amis se marieront quand ils _____ (rencontrer / perdre) l'amour de leur vie.

3. À l'âge de 40 ans, mon mari et moi, nous _____ (être / avoir) trois beaux enfants.

4. Mes parents _____ (partir / manger) à la retraite dans 10 ans.

5. Tu prendras ta retraite lorsque tu _____ (menacer / gagner) beaucoup d'argent.

6. Une fois que je/j' _____ (économiser / dépenser) assez d'argent, j'achèterai un bateau.

F **Votre avenir** Est-ce que vous avez des projets pour votre avenir? Pour chaque ligne, complétez la phrase avec une chose que vous aurez faite avant le moment indiqué.

Modèle: Avant d'avoir 25 ans, j'aurai eu mon diplôme universitaire.

1. Avant de finir mes études, _____.

2. Avant d'avoir 30 ans, _____.

3. Avant d'avoir 40 ans, _____.

4. Avant d'avoir 50 ans, _____.

5. Avant de partir à la retraite, _____.

6. Avant de mourir, _____.

PARTIE 2

VOCABULAIRE 2

A **Les définitions** Pour chaque définition, choisissez le mot de vocabulaire qui convient.

1. _____ quelqu'un qui suit un cours à l'université

2. _____ une activité qu'on aime faire

3. _____ le sentiment d'être fier de soi

4. _____ l'acte d'apprendre un nouveau sujet

5. _____ l'endroit où se trouve votre emploi

6. _____ un sentiment très fort pour une activité ou une personne

7. _____ ce qu'on parle dans un pays

8. _____ un degré de compétences

a. un niveau

b. un passe-temps

c. l'apprentissage

d. la passion

e. une langue officielle

f. un apprenant

g. l'autosatisfaction

h. le travail

B **L'amitié** Écoutez les descriptions suivantes et décidez si chaque personne est un bon ou un mauvais ami.

10-5

	bon	mauvais
1.	☐	☐
2.	☐	☐
3.	☐	☐
4.	☐	☐
5.	☐	☐
6.	☐	☐
7.	☐	☐
8.	☐	☐

C **Pour être heureux** Certaines activités remplissent les gens de bonheur. Lisez les phrases suivantes et choisissez les mots de vocabulaire qui conviennent pour les compléter.

1. Après le _____ (travail / passe-temps), je _____ (me divertis / m'écœure) en regardant la télé.

2. Ma mère _____ (accomplit / se fait plaisir) en passant du temps avec ses enfants.

3. Mon père apprécie qu'on _____ (gâche / fête) son anniversaire chaque année.

4. Nous _____ (sommes comblés / apprécions) de joie quand nous _____ (persévérons / faisons du bénévolat) au refuge (shelter) pour animaux.

5. Je ressens (feel) du bonheur quand je peux _____ (démoraliser / réconforter) les gens qui sont dans un grand désespoir.

6. Ma sœur éprouve (feels) de _____ (l'autosatisfaction / le niveau) quand elle _____ (accomplit / menace) une activité difficile.

🔊 **D** **Les langues régionales** Il y a beaucoup de langues régionales en France. Écoutez la description,
puis décidez si les phrases suivantes sont vraies ou fausses.

10-6

	vrai	faux
1. Il y a des gens qui ont une langue maternelle autre que *(other than)* le français en France.	☐	☐
2. L'arabe est une langue régionale française.	☐	☐
3. L'occitan, le corse et le breton sont trois langues régionales populaires.	☐	☐
4. L'usage fréquent de l'anglais en France menace la survie *(survival)* des langues régionales.	☐	☐
5. Les défenseurs *(defenders)* des langues régionales n'ont pas d'espoir pour la survie de ces langues.	☐	☐
6. Il y a des écoles qui enseignent toujours les langues régionales.	☐	☐

E **Une mauvaise journée** Luc passe une mauvaise journée. Lisez le paragraphe et remplissez les
blancs avec les mots du vocabulaire qui conviennent. Faites attention à la conjugaison des verbes (au
passé composé).

écœurer	gâcher	l'esprit humain	le travail
réconforter	menacer	tomber dans le désespoir	propre

Ce matin, je me suis levé en retard pour (1) _____ parce que j'ai fêté mon anniversaire

hier soir avec mes amis. J'avais trop mangé et trop bu. Donc, ce matin, je n'avais pas faim et tout mon

petit déjeuner me/m'(2) _____. Au travail, je ne pouvais pas me concentrer.

J'(3) _____ un projet important et mon patron *(boss)* (4) _____ de

me virer *(fire)*! J'allais (5) _____ total quand un collègue m'(6) _____

et m'a dit qu'il m'aiderait avec mon (7) _____ projet en plus du sien. Grâce à lui, j'ai

repris espoir en (8) _____.

F **Le bonheur** Quelles activités vous font plaisir dans la vie? Est-ce que vous faites partie d'une
association ou d'un club? Avez-vous des passe-temps particuliers qui vous comblent de bonheur?
Lesquels? Écrivez quelques phrases qui décrivent les divertissements ou les activités que vous appréciez
le plus dans votre vie.

_____

_____

_____

_____

_____

_____

GRAMMAIRE 2

Le participe présent et l'infinitif passé

A **Quand?** Lisez les phrases suivantes et décidez si les actions se passent simultanément ou l'une après l'autre.

	simultanément	l'une après l'autre
1. Claire est tombée en faisant du jogging.	☐	☐
2. Après avoir fini son examen, Clément est allé au café.	☐	☐
3. En écrivant son devoir, Chantal a cassé son ordinateur.	☐	☐
4. Cédric a téléphoné à ses amis après avoir rangé sa maison.	☐	☐
5. Coralie a pris un dessert après avoir mangé son repas.	☐	☐
6. Crystal n'envoie pas de textos en conduisant.	☐	☐

B **Les étudiants dans ma classe** Lisez les phrases et choisissez la terminaison qui convient.

1. Chloé dessine dans son cahier en…   a. écoutant le prof   b. avoir dormi

2. Florence arrive en retard en cours sans…   a. expliquant   b. s'excuser

3. Paul fait son travail avant de…   a. venir en cours   b. étudiant

4. Nous étudions ensemble pour…   a. réussir l'examen   b. réussissant

5. Michel et Caroline reçoivent un zéro après…   a. avoir triché à l'examen   b. copiant les devoirs

6. Quentin s'endort en classe après…   a. faisant attention   b. être sorti hier soir

7. Je progresse en français en…   a. regardant beaucoup de films français   b. écouter de la musique

8. Tu réussis l'examen sans…   a. étudiant à la bibliothèque   b. réviser avant

C **Des phrases logiques** Choisissez la bonne terminaison pour chaque phrase selon ce que vous entendez.

10-7

1. a. fais de beaux rêves.   b. cours un marathon.

2. a. a fait bouillir les pâtes.   b. a fait la vaisselle.

3. a. menace des inconnus.   b. se fait de nouveaux amis.

4. a. mange du gâteau.   b. range la maison.

5. a. avons commencé le devoir.   b. sommes rentrés à la maison.

6. a. tomberas dans le désespoir.   b. éprouveras *(feel)* de l'autosatisfaction.

D **Le bon mot** Complétez chaque phrase avec le mot qui convient.

1. Élodie est une _____ de la langue française. (apprenante / apprenant)

2. Il y a des pays du monde qui n'ont pas d'eau _____. (courant / courante)

3. Ma mère a peur des insectes _____. (volant / volants)

4. Les joueurs de l'équipe des Broncos étaient les _____ du Super Bowl. (gagnants / gagnantes)

5. Ce nouveau film est très _____. (intéressant / intéressante)

6. Ma sœur a raconté *(told)* une histoire _____ hier. (amusants / amusante)

7. Le professeur parle souvent aux _____. (étudiant / étudiants)

8. Je pense que ce cours est très _____. (ennuyant / ennuyante)

E **En premier** François décrit sa journée. Pour chaque phrase que vous entendez, décidez quel événement est arrivé en premier. Si les deux événements se sont passés en même temps, marquez **c**.

10-8

1. a. rencontrer mon professeur   b. faire du shopping   c. en même temps

2. a. rentrer chez moi   b. quitter le supermarché   c. en même temps

3. a. arriver à la maison   b. voir un chien   c. en même temps

4. a. ranger mes affaires   b. attraper *(catch)* le chien   c. en même temps

5. a. trouver le chien   b. appeler le refuge   c. en même temps

6. a. aller à la fourrière *(pound)*   b. décider de garder le chien   c. en même temps

F **Un voyage humanitaire** Corentin part en voyage pour faire du bénévolat. Lisez sa description des préparations et remplissez les blancs avec les mots qui conviennent. Il est possible d'utiliser un mot de vocabulaire plusieurs fois.

| après avoir | avant de | en | pour | sans |

Pendant les vacances de printemps, je vais faire un voyage humanitaire en Haïti. (1) _____ partir, je dois obtenir mon passeport et me faire faire beaucoup de vaccins. (2) _____ préparant mes documents, je dois communiquer souvent avec l'organisation locale (3) _____ m'assurer que tout est en ordre. (4) _____ retournant si souvent chez le médecin, il est facile de devenir démoralisé, mais (5) _____ avoir tous les vaccins, on peut tomber malade et ça peut gâcher le voyage. Je sais qu' (6) _____ fait du bénévolat dans ce beau pays, je serai comblé de joie et de bonheur.

G **Vos préférences** Pour chaque activité, écrivez une phrase pour expliquer quand vous la faites. Utilisez le participe présent, l'infinitif ou l'infinitif passé et des prépositions appropriées.

Modèle: ranger votre appartement → **Je range mon appartement avant d'inviter mes amis. / Je range mon appartement en écoutant de la musique. / Je range mon appartement après avoir fait mes devoirs.**

1. écouter de la musique _____

2. lire un livre _____

3. boire du café _____

4. étudier pour un examen _____

5. sortir avec mes amis _____

6. parler à ma mère _____

PARTIE 3

GRAMMAIRE 3

Faire causatif

A **Qui fait?** Marc s'y connaît dans beaucoup de domaines, mais pas dans tous! Lisez les phrases suivantes. Pour chaque phrase, décidez si c'est Marc ou quelqu'un d'autre *(someone else)* qui fait l'action.

	Marc	quelqu'un d'autre
1. Marc se fait préparer un café.	☐	☐
2. Il a fait du bricolage *(DIY work)* hier.	☐	☐
3. Il se fait toujours couper les cheveux.	☐	☐
4. Il a fait préparer un gâteau pour sa mère.	☐	☐
5. Il fait cuire une tarte aux fraises.	☐	☐
6. Il fera réparer la voiture.	☐	☐
7. Il fera nettoyer la maison ce week-end.	☐	☐
8. Il fait toujours ses devoirs la veille.	☐	☐

🔊
10-9

B **Rendre ou faire?** Choisissez la bonne terminaison pour chaque phrase selon ce que vous entendez.

1. a. fier   b. danser

2. a. stressé   b. perdre la tête *(go nuts)*

3. a. content   b. aider autrui

4. a. malade   b. écœurer

5. a. triste   b. tomber dans le désespoir

6. a. heureux   b. réconforter

C **Avant d'agir** Lisez les phrases et choisissez le bon verbe pour les compléter.

1. Avant de préparer des pâtes *(pasta)*, il faut _____ (faire cuire / faire bouillir) de l'eau.

2. Avant de conduire en hiver, il faut _____ (faire fondre / faire venir) le givre *(frost)*.

3. Avant de donner un examen, il faut _____ (faire savoir / faire tomber) la date aux étudiants.

4. Avant de manger des œufs, il faut les _____ (faire remarquer / faire cuire).

5. Avant de payer l'addition, il faut _____ (faire venir / faire entrer) le serveur.

6. Avant de commencer une soirée, il faut _____ (faire entrer / faire sortir) les invités.

D **Les courses** Désirée est agent immobilier *(real estate agent)*. Elle a beaucoup de courses et de travail à faire. Écoutez la description de sa journée et décidez si c'est Désirée ou quelqu'un d'autre qui va faire l'action.

10-10

	Désirée	**quelqu'un d'autre**
1.	☐	☐
2.	☐	☐
3.	☐	☐
4.	☐	☐
5.	☐	☐
6.	☐	☐
7.	☐	☐
8.	☐	☐

E **La famille royale d'aujourd'hui** La famille royale actuelle a toujours beaucoup de gens à son service et d'employés. Lisez chaque phrase et choisissez le verbe qui convient pour la compléter. Faites attention à bien conjuguer le verbe.

1. La princesse _____ (parler / se faire parler) aux citoyens.

2. La reine _____ (se préparer / se faire préparer) le petit déjeuner par un cuisinier.

3. Le petit prince _____ (conduire / se faire conduire) à l'école.

4. Le duc _____ (se brosser / se faire brosser) les dents le matin.

5. La duchesse _____ (nettoyer / faire nettoyer) les chambres à un service de nettoyage.

6. La famille royale _____ (s'interviewer / se faire interviewer) par les médias.

F **Vos compétences** Quelles activités est-ce que vous faites vous-même? Lesquelles est-ce que vous faites faire par quelqu'un d'autre? Pour chaque activité ci-dessous, écrivez une phrase pour expliquer qui la fait.

Modèle: se vernir les ongles *(paint nails)* → **Je me vernis les ongles. / Je me fais vernir les ongles.**

se couper les cheveux	préparer un gâteau d'anniversaire
faire les devoirs	ranger la maison
laver la voiture	réparer la voiture
nettoyer la salle de bains	tricoter une écharpe *(scarf)*

_____

_____

_____

_____

_____

_____

_____

🔊 Encore des sons et des mots

Les combinaisons des lettres qu / ph / th / gn / ch

Some consonant combinations have a relatively constant pronunciation in French.

The combination **qu** is pronounced like the English *k* sound and the combination **th** like *t*.

> critique   chaque   quand   théâtre   thé   sympathique

The combination **ph** is pronounced like the English *f* and the combination **gn** like the *n* sound in the English word *onion*.

> photographie   philosophie   téléphone   campagne   gagner   Espagne

The combination **ch** is pronounced like the English *sh*, as in *shush*. When **ch** appears in a word that is borrowed from another language, pronounce it like *k*.

> Examples of the *sh* sound: blanche   chose   chanson
> Examples of the *k* sound: psychologie   chœur   orchestre

Pratique A

10-11 Écoutez et répétez ces mots qui contiennent les combinaisons **qu** ou **ch** *(k)*.

1. qui
2. question
3. quel
4. quoi
5. magnifique
6. technologie
7. chorale
8. orchestrale
9. chronologique
10. chaos

Pratique B

10-12 Écoutez et répétez ces mots qui contiennent la combinaison **ch** *(sh)*.

1. champion
2. charité
3. chanceux
4. coucher
5. chanson
6. douche

Pratique C

10-13 Écoutez et répétez ces mots qui contiennent les combinaisons **th** *(t)*, **ph** *(f)* et **gn** (*n* as in *onion*).

1. théâtre
2. les maths
3. sympathique
4. thym *(thyme)*
5. photo
6. éléphant
7. dauphin
8. téléphone
9. magnifique
10. oignon
11. l'espagnol
12. l'Allemagne

Pratique D

10-14 Écoutez les mots suivants et décidez si le mot contient le son *k* ou *sh*.

	k	*sh*
1. chien	☐	☐
2. psychologue	☐	☐
3. chapeau	☐	☐
4. chaud	☐	☐
5. archéologie	☐	☐
6. écho	☐	☐

Pratique E

10-15 Écoutez ces répliques de Claire qu'on entend dans le film *Encore*. Soulignez les combinaisons de lettres qui représentent les sons *sh* et *t*.

1. Et comment en es-tu arrivé à choisir le métier de détective privé?
2. Encore un peu de thé?
3. T'as vu quelque chose?

Pratique F
· ·

10-16 **Étape 1.** Vous allez entendre des mots ou des groupes de mots épelés *(spelled out)*. Écrivez les lettres et les accents que vous entendez.

1. _____   5. _____

2. _____   6. _____

3. _____   7. _____

4. _____

Étape 2. Utilisez les mots ci-dessus pour écrire une phrase complète qui décrit l'action dans l'image.

_____

10-17 **Étape 3.** Écoutez et répétez la phrase formée avec les mots de l'Étape 1. Faites attention aux combinaisons **ch** et **ph.**